CODE COMPLET
DE
LA DANSE

PAR CARLO BLASIS,

PREMIER DANSEUR AU THÉÂTRE DE COVENT-GARDEN, À LONDRES

SUIVI

DE NOUVEAUX AIRS DE DANSE, PAR
M. BLASIS PÈRE, ET MLLE BLASIS, PRIMA DONNA
DU THÉÂTRE DES ITALIENS, À PARIS

Elibron Classics
www.elibron.com

Elibron Classics series.

ISBN 0-543-98644-6 (paperback)
ISBN 0-543-98643-8 (hardcover)

This Elibron Classics Replica Edition is an unabridged facsimile of the edition published in 1830 by Audin, Paris.

CODE COMPLET

DE

LA DANSE.

AMIENS.—IMP. DE J. BOUDON-CARON,
SUCCESSEUR DE CARON-DUQUENNE, IMPRIMEUR DU ROI,
PLACE DE LA MAIRIE, N°. 6.

CODE COMPLET

DE

LA DANSE,

Par M. Blasis,

PREMIER DANSEUR AU THÉATRE DE COVENT-GARDEN, A LONDRES;

SUIVI

DE NOUVEAUX AIRS DE DANSE, PAR M. BLASIS PÈRE, ET Mlle. BLASIS, PRIMA DONNA DU THÉATRE DES ITALIENS, A PARIS.

PARIS,

AUDIN, QUAI DES AUGUSTINS, N°. 25.

1830.

PREFACE DE L'AUTEUR.

Le *Code de la Danse* que j'ai l'honneur d'offrir au public n'est que l'extrait d'un ouvrage beaucoup plus volumineux que j'ai publié, l'année dernière, à Londres, sous le titre de *The Code of Terpsichore*, ou *Traité historique, théorique et pratique de l'art de la Danse, de la Pantomime et du Ballet*, ouvrage que plusieurs journaux anglais ont traité avec bienveillance.

Voulant aujourd'hui faire de ce petit code-ci un livre séparé et plus complet dans son genre, je me suis appliqué à y réunir tout ce qui se rapporte à la danse proprement dite. L'histoire et les progrès de la danse en général, l'art de la danse théâtrale, et celui de la danse pour la ville ou de société, sont les points que j'y traite spécialement.

J'ai taché de faire pour l'art que j'exerce, ce qu'on a fait pour les autres arts d'imitation, c'est-à-dire, présenter par écrit une théorie basée sur les meilleurs principes des grands maîtres. Les leçons qu'elle renferme sont étayées de l'exemple des beaux modèles que j'ai eu sous les yeux, et de l'expérience que j'ai acquise.

Cette théorie sera accompagnée de quelques innovations, ainsi que de plusieurs moyens de perfectionnement que je propose à ceux qui se ſivrent à la danse par état, ou comme un moyen d'agrément pour compléter une bonne éducation. A cet effet, j'ai aussi taché de fixer des règles pour que la démonstration fût plus exacte, et l'exécution plus précise.

Pour hâter les progrès des amateurs de la danse, j'ai essayé de faciliter autant que possible les moyens d'enseigner, sans pourtant rien négliger de ce qu'il est essentiel de leur apprendre.

La matière que je traite étant souvent aride, j'ai fait tous mes efforts pour la rendre aussi agréable qu'il m'était permis de le faire, en retraçant ce qu'il y a de piquant dans l'histoire de notre art, en décrivant les danses les plus célébres et les plus en usage, et en ajoutant quelques variétés. C'est au public à m'apprendre si j'ai réussi dans mon but, et si je ne suis pas tout-à-fait indigne de l'indulgence de cette capitale que les arts et les talens proclament une nouvelle Athènes.

CODE DE LA DANSE.

Première Partie.

ORIGINE ET PROGRÈS DE LA DANSE.

L'ÉTUDE et la connaissance des beaux arts, sont sans aucun doute ce qui peut le plus agréablement occuper les hommes, les distraire et les délasser de leurs soucis et de leurs travaux.

Ils ont aussi l'avantage de joindre l'utile

à l'agréable; car l'amour des arts et des sciences établit cette vraie gloire qui distingue un peuple d'un autre peuple, et fixe la supériorité morale qui doit le rendre à jamais illustre.

« Tout peuple, dit Voltaire, qui n'a point cultivé les arts, doit être condamné à vivre inconnu. »

Vainement quelques hommes cherchent à secouer le flambeau de la discorde et à agiter les fléaux de la guerre pour se rendre célèbres; ces victoires qui ne donnent que des lauriers ensanglantés aux vainqueurs, répugnent, font horreur aux hommes sensibles, civilisés, et les noms de ces grands dévastateurs de cités, de ces destructeurs de l'espèce humaine, tombent souvent dans l'oubli, ou plus souvent encore deviennent l'objet du mépris et des souvenirs les plus amers. S'il ne fallait qu'être conquérant pour obtenir une véritable gloire, quel peuple serait plus digne de notre admiration que le peuple ottoman? « Mais qu'a-t-il fait pour la gloire, disait encore le philosophe de Ferney, rien. Il a dévasté trois empires et vingt royaumes. Cependant la seule petite ville d'Athènes aura toujours plus de réputation parmi nous, que les Turcs ses oppresseurs, eussent-ils l'empire de la terre (1). »

« Les pays où le Bramante et Michel-Ange ont bâti *St.-Pierre* de Rome, où Raphaël a peint, où Newton a calculé l'infini, où *Cinna* et *Athalie* ont été écrits, sont devenus les premiers pays de la terre. Les autres ne sont dans les beaux arts que des barbares ou des enfans, malgré leur antiquité et malgré tout ce que la nature a fait pour eux. »

En effet, étudions l'histoire; comparons les modernes à la plupart des anciens; il sera facile de se convaincre de la vérité de cette pensée du célèbre philosophe.

Nous verrons combien les élèves ont surpassé leurs maîtres, et nous serons convaincus que les peuples modernes ont été, aussi à leur tour, inventeurs dans les arts, et sur-tout dans les sciences.

Je me suis, peut-être, dans ce début, un peu écarté de mon sujet; mais on me pardonnera en faveur du motif.

Les arts se tiennent par la main; la poésie, la musique, la peinture, la sculpture et la danse, sont en rapport entr'eux, et les jouissances qu'ils nous procurent, méritent également notre reconnaissance et nos hommages. Heureux ceux dont le feu des arts peut embraser l'âme.

« Le véritable esprit sait se plier à tout :
» On ne vit qu'à demi quand on n'a qu'un seul goût. »

VOLTAIRE.

Le chant si naturel à l'homme, ne pouvant manquer de le séduire, lui a inspiré, en se développant, des gestes relatifs aux sons différens dont il était déjà composé. Le corps s'est alors agité, les bras se sont ouverts ou resserrés, les pieds ont formé des pas lents ou rapides, les traits du visage ont participé à ces mouvemens, tout le corps enfin a répondu par des positions, des sauts et des attitudes, aux sons dont les oreilles étaient frappées; et c'est ainsi que le chant, qui était l'expression d'un sentiment, en a fait développer une seconde qui existait chez l'homme, et à laquelle on a donné le nom de danse ou de ballet. Telles sont ses deux causes primitives.

On voit par là que le chant et la danse ne sont pas moins naturels à l'homme, que la voix et le geste; et que l'une et l'autre n'ont été, pour ainsi dire, que les instrumens qui leur ont donné lieu.

La musique et la danse ont un grand ascendant, un pouvoir infini sur notre physique et nos esprits; elles électrisent nos fibres et agitent nos facultés intellectuelles. « La musique, dit d'Alembert, tantôt douce et insinuante, tantôt folâtre et gaie, tantôt simple et naïve, tantôt enfin sublime et pathétique, tour-à-tour, nous charme, nous élève et nous déchire.»

Quel est celui qui ignore tous les prodiges opérés par cet art enchanteur? son essence, sa propriété, sa gloire sont connues. Le docte Saverio Mattei remarque justement à ce sujet, que la république romaine avait encore expressément établi un collége de *Tibicini*, lesquels avaient pour devise cinq lettres, Q. S. P. P. S., c'est-à-dire, *qui sacris publicis præsto sunt.* Ils étaient tenus et regardés de la manière la plus honorable; on les favorisait extrêmement et ils aspiraient aux plus hautes charges de l'état.

Nous voyons dans l'histoire, un *Tubicen Sacrorum*, tantôt *Flamine*, ou chef d'une légion, ou bien commandant d'un corps de cavalerie. (2)

Nous verrons aussi que la danse, sœur

légitime de la musique (3), n'est pas au-dessous des effets et des prérogatives de celle-ci.

La musique et la danse sont aussi anciennes que le monde, soit parce qu'elles sont innées chez les hommes, soit par l'attention qu'on y porta d'abord. Les Egyptiens, les Perses, les Indiens, les Caldéens, les Ethiopiens, les Juifs, les Arcadiens, les premiers Grecs, les Crétois, les Thébains, les Phrygiens, les Béotiens, l'antique Italie, les Etrusques; Amphion, Olénus, Orphée, Musée, Linus, Chiron, Thamyris, Moïse, les danses célébrant le *Veau d'Or*, la prophétesse Miriam, Zéila, David et autres, ont prouvé, par leur musique et leurs danses, l'authenticité du fait.

Ces deux arts furent soumis par la suite à des lois dictées par le goût; on chanta et dansa d'après des règles prescrites par les artistes.

Moïse raconte que Tubal, de la famille de Caïn, fut l'inventeur de l'art de la musique. D'après les coups redoublés des marteaux, et le bruit réitéré que produisaient les enclumes de Tubalcaïn, son frère, qui était forgeron, il commença à composer les tons et à fixer et régler les mesures (4).

Mais Macrobe et Boèce attribuent l'honneur de l'invention de l'art de la musique à Pythagore. Ils disent que ce philosophe, passant un jour par hasard près d'une forge, remarqua de même que Tubal, le son que produisaient les enclumes sous les coups des marteaux; il en observa la cadence, et cela suffit à son génie, pour poser les premiers fondemens de la loi de l'harmonie.

On n'est point d'accord non plus sur le nom et le pays de ceux à qui on doit l'origine des principes de la danse, et dont les Grecs reçurent les premières leçons.

Voici ce que Burette a recueilli chez les anciens, à ce sujet. « Plusieurs, dit-il, parmi lesquels Théophraste, cité par Athénée, prétendent qu'un joueur de flûte, appelé Andron, natif de Catane en Sicile, fut le premier à qui il vint à l'idée de faire accompagner le son de sa flûte, par les divers mouvemens du corps, lesquels avaient une espèce de cadence. Ce fut delà, que les anciens Grecs exprimèrent le mot *danser*, par celui de SICHÉTIZEIN, voulant ainsi donner à entendre, que la danse leur avait été apportée de la Sicile. »

Lucien prète l'invention de cet art à Rhée, qui l'enseigna à des prêtres en Phrygie et dans l'île de Crète (5). D'autres veulent que la danse ait été inventée par les peuples de l'Ionie, ou du moins qu'elle ait été perfectionnée par eux. Cette nation était plus que toute autre naturellement disposée à cet art.

Les Grecs furent ceux de tous les anciens, qui perfectionnèrent en quelque sorte les arts de la musique et de la danse, et qui les portèrent à un certain degré de splendeur.

Les Athéniens aimaient la danse avec transport; les Thessaliens et les Lacédémoniens l'estimaient à l'égal des autres beaux arts; Aspasie, Socrate, Platon, Aristote, Théophraste et Epaminondas l'applaudirent.

Cléophante de Thèbes, et Eschyle firent faire des progrès à cet art, et le dernier l'introduisit dans ses pièces. Ce fut en réunissant les arts d'imitation, qu'Eschyle donna le modèle des grandes représentations à spectacle. La peinture contribua beaucoup à leur charme, et Agatharque, habile décorateur, guidé par ce grand poète, inventa l'art de peindre les décorations théâtrales. Il écrivit même un traité sur l'*architecture scénique*, ouvrage qui dut être d'une grande utilité (6).

Quelques siècles après, les Romains, imitateurs des Grecs, offrirent dans le même genre, des spectacles magnifiques et ravissans. Alors la danse mérita les éloges de Lucien, Apulée, Martial, Sénèque et autres : ce fut sur-tout lorsqu'on représenta des actions en pantomime, genre inconnu aux Grecs.

Ces spectacles offraient aux yeux des actions héroïques ou comiques, exprimées par les gestes et par des danses, qu'exécutaient Pylade et Bathyle, les deux premiers instituteurs de l'art des pantomimes. On nomma ces espèces de ballets, *danses italiques.*

« La pantomime est due à l'antique Italie,
» Où même elle éclipsa Melpomène et Thalie. »
Chénier.

Tout le peuple romain prit du goût pour

le genre de ces représentations; il fut même jusqu'à bénir Auguste, qui savait politiquement sacrifier à son plaisir.

La danse portait chez les anciens Romains, le nom de saltation, *saltatio*, et chez les Grecs, ORCHESIS. Salius, arcadien, fut le premier qui enseigna aux Romains, l'art de la saltation. La danse, dite des *Saliens*, fut donc la danse primitive de cette nation. Cet art consistait dans l'imitation de tous les gestes et de tous les mouvemens que les hommes peuvent faire. C'est dans cet art (*ars saltationis*), que s'exerçaient les *pantomimes*.

D'après ce que nous apprenons des auteurs anciens qui se sont occupés de la danse de leur époque, je crois que la saltation proprement dite, devait correspondre au genre *grotesque (grottesco)*, qui était en usage, il y a quelques années, en Italie. Cette danse n'inspirait souvent que l'étonnement et la crainte. Ce genre est un composé de sauts, de cabrioles et de tours de force. Maintenant on a banni des principaux théâtres d'Italie, les danseurs grotesques, qui ne sont supportables que dans les ballets comiques et de genre. Voici comment un poète (*le Marini*), décrit la danse de l'un d'eux.

« . . . . Un che co' salti
Si arrischia a far prodigiose prove.
Si strani son, son si mortali ed alti,
Che orrore insieme, e meraviglia move.» (7) (*)

Dans la suite, l'antique saltation comprit aussi l'action et la pantomime des acteurs.

Les anciens firent preuve de goût en distinguant les divers genres de la danse

---

(*) *Traduction.* « Un homme qui se risque à faire de prodigieux tours de force, si extraordinaires et si dangereux, qu'ils inspirent à la fois la terreur et l'admiration. »

théâtrale. Lucien nous apprend qu'ils voulaient qu'il y eût différentes manières de danser, et ils en marquaient la division de la manière suivante : la *Cordace*, la *Sicinnis* et *l'Emmeleia*.

L'Emmeleia était une espèce de danse grave, du domaine de la tragédie, et dont la majesté et l'élégance furent vantées par Platon, et autres célèbres philosophes, qui même en prescrivirent l'usage dans la généralité des classes de la société. (*V. la trad. de Vossius*). Ce genre de danse correspondait à notre *genre sérieux*.

La *Sicinnis* était une danse ainsi appelée, à cause des mouvemens et des secousses du corps, et des attitudes forcées de tous les membres. (*V. Athénée*). Elle devait être en quelque sorte semblable au genre grotesque des modernes. Elle remplacait parfois la *Cordace*.

La *Cordace* était une danse licencieuse, usitée dans les comédies, et exécutée par des personnes échauffées par le vin. (*V. encore Athénée*). Elle était dépourvue de dignité. Ceux qui l'exécutaient agitaient indécemment les lombes et l'épine dorsale. Cette danse était aussi destinée à la satire, espèce de pastorale.

Je crois que l'on pourrait comparer en quelque sorte la *Cordace*, au dithyrambe à son origine primitive. En effet, ce genre véhément, impétueux de la poésie, excité par la chaleur du vin, était chanté en l'honneur de Bacchus, et accompagné par des danses analogues (*V. Vossius*).

Outre ces trois genres de danses, il y avait aussi celui appelé *Pyrrhique*, *Guerrier* (*V. Meursius*, *antiq: Græc: de salt. verbo* PYRRICHÊ) (8). Cette danse imitait les mouvemens et les poses du corps, avec lesquels on évite les dards et les blessures des ennemis, soit en s'inclinant, ou en se retirant, soit en sautant et en s'abaissant à terre. Elle imitait les mouvemens et les attitudes opposés de celui qui lance une arme quelconque, qui menace ou qui frappe. Voilà quels furent les principaux genres de la danse des Grecs; genres que l'on a conservés à quelque changemens près, sur le théâtre de Rome. Platon dit que toutes ces danses, ces exercices dont se composent l'art de la danse, tirèrent leur origine de l'imitation de la parole, faite par le moyen des mouvemens du corps et des bras. *(V. de Leg.)*.

Cependant, la corruption des mœurs s'étant introduite par la suite, dans les représentations théâtrales de l'antique Rome, Trajan les bannit; mais quelques-uns de ses successeurs les protégèrent et en firent leurs délices.

Enfin les théâtres et les acteurs finirent par tomber dans l'avilissement, et furent tout à fait abandonnés; et cela à cause de l'indécence et des obscénités qui s'étaient de nouveau introduites sur la scène, et qui auparavant avaient engagé l'empereur romain à les défendre.

Les premiers chrétiens eurent aussi leurs danses et leurs spectacles; mais ayant de même dégénéré dans la plus grande licence, les pontifes leur firent subir le même sort. Enfin, après un long laps de temps, la nouvelle Italie produisit au quinzième siècle, l'homme qui devait faire renaître les spectacles, la danse et la musique. Bergonzo de Botta s'illustra par la superbe fête qu'il donna à Galéas, duc de Milan, lors du mariage de ce prince avec Isabelle d'Aragon (9). C'est à ce gentilhomme de Lombardie, qui signala son goût et sa magnificence par cette fête éclatante préparée dans Tortone, que l'on doit la renaissance des ballets, des opéras et de toute représentation théâtrale. Les principales villes d'Italie s'empressèrent d'imiter et de suivre son exemple.

L'Italie fit refleurir tous les arts, toutes

les sciences ; et le pays qui donna le jour au Dante, à Colomb, à Galilée, à Machiavel, voulut aussi dicter le premier les lois de l'art charmant de Terpsichore, sous des formes plus élégantes et plus agréables que celles adoptées par l'antiquité.

« *D'ogni bell'arte non sei madre, o Italia?* »

Silvio Pellico.

Les Italiens furent donc les premiers à soumettre à des règles les mouvemens des jambes, du corps et des bras. Cela s'opéra à peu près vers la fin du seizième siècle. Je suis d'opinion qu'avant cette époque on dansait dans le même genre et de la même manière que le faisaient la plupart des *saltateurs* grecs et romains; c'est-à-dire, que l'on exécutait des sauts, des contorsions de corps, des poses outrées, des mouvemens sans délicatesse et des attitudes dépourvues d'élégance (10). Le plaisir, l'ivresse de la joie, ou bien une espèce de routine, étaient en partie les seuls maîtres de ces danseurs. La danse alors ne faisait que sortir du berceau.

Enfin le goût et l'expérience ayant établi des préceptes pour les attitudes, les mouvemens du corps et les pas, on ne se mouvait plus que par méthode, et que sur la cadence de la musique. On dut aussi se modeler sur les ouvrages des peintres et des sculpteurs, pour pouvoir donner de la grâce à toutes les positions que l'on prenait en dansant. Les Grecs et les Romains en usaient de même dans leurs représentations mimiques.

De nos jours, la danse, la pantomime et l'élégante magnificence des spectacles, ont été portées à un très-haut degré de perfection. Le goût de nos représentations, le talent de nos artistes, sont au-dessus de tout ce que pouvait s'imaginer les anciens. Enfin, on peut rendre le ballet moderne, l'égal d'une bonne pièce dramatique, si la danse et sur-tout la pantomime y sont traitées avec art et philosophie.

« Tout ce que la langue exprime
» Saisit lentement l'esprit;
» Par la danse, tout s'anime,
» En un instant tout est dit;
» Ses gestes, ses pas agiles,
» Ses caractères mobiles
» Décrivent nos sentimens;
» Et ces vivantes peintures
» Changent d'autant de figures
» Que le cœur de mouvemens. »

Le Roy.

Pour la pompe, la richesse et l'exactitude dans l'imitation de tout ce qui est décoration, rien ne surpasse les spectacles des principales capitales d'Italie. L'*Opéra* de Paris, et les théâtres de *Drury-Lane* et de *Covent-Garden*, de Londres, peuvent seuls, parfois, leur disputer la palme. Il faut aussi remarquer que le goût des Italiens pour les spectacles, se rapproche beaucoup de celui de leurs premiers ancêtres, à l'époque où ils criaient : *panem et circenses !*

Notre exécution est sans contredit bien plus hardie, plus compliquée, plus gracieuse que celle de nos anciens maîtres, mais ils nous indiquèrent les moyens de les surpasser, en nous traçant le chemin qui devait nous mener au perfectionnement de l'art. Ils nous montrèrent le but, et nous l'atteignîmes. Nous allons en voir la preuve.

Pour mieux appuyer ce que j'avance à l'égard de la danse moderne, et des danseurs italiens de cette époque, il est à propos de placer ici plusieurs stances du Marini, tirées de son célèbre poëme l'*Adone*. J'y ai trouvé de quoi intéresser les amateurs avides de recherches, d'éclaircissemens et de notions sur les arts. Cela pourra être sur-tout de quelque utilité, de quelque agrément pour ceux qui se livrent spécialement à la danse.

Ni chez les anciens, ni chez les modernes, nous n'avons rien d'aussi détaillé sur cet art, que ce que nous a laissé le poète italien. Aucun écrivain n'a fait une description aussi claire, aussi précise de la danse, que celle que nous offre le passage que je vais rapporter.

Nous serons presque les témoins de ce qu'était cet art, il y a deux siècles. J'oserais même dire, que, d'après Marini, on dansait presque mieux à son époque, que l'on ne le faisait vers le milieu du dernier siècle. Il est vrai que le poète exagère parfois (c'est une des prérogatives de son art), mais cependant tout ce qu'il dit est dans les règles et les choses possibles, et il parle en artiste consommé. Le parallèle que nous ferons par le moyen des notes, entre les pas, les attitudes de ce temps-là es ceux que l'on fait de nos jours, nous convaincra de la réalité de la chose.

Le moderne Ovide, au vingtième chant de son grand poëme, fait instituer par Vénus, des jeux pour célébrer les funérailles d'Adonis. Toutes les divinités y accoururent pour y disputer les différens prix. La muse de la danse s'élance dans la brillante arène, et y fait preuve de ses talens. Voici la peinture qu'en fait l'enthousiasme poétique (*).

Terpsichore, déesse de la danse, demeurée seule, se met à danser. Elle recule, elle avance, elle déploie son genou, et son pied se meut avec vivacité. Elle s'étudie à bien disposer ses pas (11), pendant qu'elle suit la savante harmonie de la musique (12). Elle voltige à l'entour de son théâtre, et par gradation multiplie ses pas. Elle est si légère, qu'elle pourrait fouler

---

(*) Voir le texte à la fin des notes, page 98.

les ondes sans les entrouvir (13). Sur son joli pied elle se balance, elle le meut lentement avec art, et son corps prend avec grâce mille attitudes différentes (14). Tantôt elle paraît s'éloigner; et tantôt elle se rapproche; tantôt elle s'enfuit, tantôt elle revient; elle vole de toutes parts en un instant (15). Elle effleure le sol aussi rapidement que l'éclair qui paraît dans une belle nuit d'été (16). La déesse, par des mouvemens si adroits et si bien composés, semble à peine toucher la terre; elle se joue et folâtre avec tant de vivacité, que l'on ne sait quel pied s'élève en l'air, ni quel pied pose à terre. En bondissant, en tournant, elle fait et défait les cercles que ses pas décrivent; elle les agrandit et les diminue, et ses pas sont plus brillans et plus réitérés que les reflets du Méandre(17). Elle divise et marque la mesure et le rythme, et observe dans chaque mouvement, l'ordre et le caractère que lui indique le son lent ou précipité de l'instrument. C'est de la sorte que ses pieds se meuvent, soit en l'air, soit à terre, ou bien qu'ils pressent ensemble lentement ou vivement le sol (18). Elle ressemble à la flamme et à l'onde, lorsqu'elle s'élève et s'abaisse, et ses tours et ses mouvemens, à un tourbillon et aux vagues agitées par les vents (19). Il règne dans toutes les parties de son corps une agréable harmonie; aucune d'elles ne se meut sans être accompagnée du mouvement des autres parties (20). Les pieds vont d'un commun accord; quand l'un agit en l'air, l'autre presse la terre avec la pointe. Elle n'est ni trop lente ni trop rapide dans la mesure, et jamais elle ne décrit au hasard la moindre ligne ou le moindre cercle (21). Elle exécute ses enchaînemens de différentes manières, suivant les mélodies de la musique; elle les varie dans tous les sens en se guidant sur chaque note et chaque pause. Elle est toujours prête à obéir à la phrase que lui indique l'air qui la maîtrise. Elle s'avance, s'arrête, s'élève, bondit, et, toujours avec goût, elle ploie et se relève (22).

Mais bientôt la déesse s'arrête dans sa course, se pose, et, changeant en un instant de manière, ses pieds s'écartent l'un de l'autre et forment admirablement une figure géométrique; ils décrivent en tournant une sphère, un rond semblable au plumage du paon. Pendant qu'un de ses pieds est placé au centre, l'autre se meut avec vivacité en dehors (23). Elle se soutient sur son pied gauche, et son corps tout en prenant des attitudes nouvelles, tourne plus rapidement que le *Paleum* qu'on lance et le Tour que l'on fait mouvoir. Puis ensuite, avec une grâce sans égale, elle s'en retourne à l'endroit d'où elle est partie. Elle s'exhausse, s'arrête, et en ressautant elle fend l'air avec ses pieds, et coupe le saut (24). Avant de s'élever elle incline la tête, croise et passe les jambes, et s'aidant de ses bras et d'un mouvement de tête, elle retire son corps et s'accroupit. Ensuite elle s'élance, et c'est en fendant l'air qu'elle frappe deux fois un pied avec l'autre. C'est dans l'instant de son élévation qu'elle redouble le battement et agite vivement les jambes (25). Alors qu'elle s'est élevée le plus haut possible, on la voit descendre et tomber peu à peu; mais en tombant elle est si légère, que l'on n'entend ni bruit ni secousse. Qu'il est ravissant de la voir, en tournant d'une manière admirable, s'élancer subitement à la même place où elle a commencé. Enfin, plus vive que l'éclair, ou que le dard qui s'échappe de l'arc, elle parcourt son terrain, par des sauts agiles et de brillantes cabrioles (26). »

Voilà l'idée que l'on se faisait de la danse au seizième siècle, et qu'elle en était à peu près l'exécution, à part le merveilleux poétique. Les connaisseurs en sauront apprécier la juste valeur.

La danse italienne était généralement applaudie de toutes les nations civilisées de l'Europe, et les spectacles d'Italie, en faisant l'admiration des étrangers, leur servaient de modèles.

Les Espagnols furent les premiers qui dansèrent à la manière italienne; et ils le firent non sans quelque succès. Ils joignirent à cette danse une multiplicité de sauts, de cabrioles, accompagnés du son des castagnettes. Par la suite ils la compliquèrent encore par des mouvemens outrés et de mauvais goût, tandis que cet art conservait, en Italie, une certaine dignité, et de la décence chez les danseurs.

Ce qui avait contribué à corrompre le goût des Espagnols, et à rendre ces imitateurs des Italiens peu modestes et parfois impudiques dans leurs danses, ce fut la danse nommée *Chica,* que les mœurs mauresques avaient introduite dans leur pays (27). L'Espagnol se ressentant de l'influence du climat chaud qu'il habite, s'en empara avec cette vivacité d'esprit qui lui est naturelle, et bientôt la danse du *Chica* fit ses délices. Ils changèrent le nom de cette danse en celui de *Fandango*. D. Iriarte en parle ainsi : le mélodieux Fandango, qui répand la joie dans l'âme des nationaux et des étrangers, dans celle des sages et des vieillards les plus sévères. (*Compendio de la Historia de Espana.*)

Je placerai ici la charmante description que Marini en fait dans le poëme que nous avons cité. Le poète nous apprend ce qu'était véritablement ce genre de danse à son époque, qui était presque aussi celle de son origine.

« Due castagnette di sonoro bosso
Tien nelle man la govinetta ardita ;
Che accompagnando il pie con grazia mosso
Fan forte ad or ad or scroccar le dita.
Regge un timpano l'altro il qual percosso
Con sonaglietti ad atteggiar l'invita ;

Ed alternando un bel concerto doppio
Al suono a tempo accordono lo scoppio.

« Quanti moti a lascivia, e quanti gesti
Provocar ponno i piu pudici affetti,
Quanto corromper può gli animi onesti
Rappresentano agli occhi in vivi oggetti.
Cenni, e baci disegna or quella, or questi,
Fanno i fianchi ondeggiar, scontronsi i petti,
Socchiudon gli occhi e quasi infra se stessi
Vengon danzando agli ultimi complessi. » (*)

(*) *Traduction*. La jeune fille hardie, tient dans ses mains deux castagnettes de bois sonore. Elles retentissent sous ses doigts, et leur son accompagne les mouvemens gracieux de son pied. Le jeune homme tient une timballe (ou tambour de basque, mais ce n'est plus l'usage aujourd'hui), qu'il frappe avec des grelots, et semble inviter ainsi sa compagne à gesticuler. Tous deux en dansant alternativement et en s'imitant, font que leurs pas retentissent avec l'air et sa mesure.

Tous les mouvemens lascifs, tous les gestes qui

On ne peut mieux dépeindre la danse du *Fandango*. On l'execute presque de la même façon encore aujourd'hui. Marini se déchaîne cependant contre l'immoralité du caractère de cette danse, et blâme, par les vers suivans, l'abus qu'on en faisait en Espagne et puis après en Italie. Il l'appelle :

« . . . . Oscena danza.
Pera il sozzo inventor, che trà noi questa
Introdusse primier barbara usanza.
Chiama questo suo gioco empio e profano

---

peuvent offenser les sentimens de la pudeur, tout ce qui peut corrompre une âme honnête, est représenté sans fard par ces danseurs. Tantôt l'un et tantôt l'autre s'envoient des baisers, et se font de tendres signes. Ils font ondoyer leurs hanches, leurs corps se rencontrent; leurs yeux se ferment à demi, et ils semblent presque, tout en dansant, en venir aux derniers embrassemens.

Saravanda, (28) e Ciaccona (29), il nuovo
Ispano. » (*)

Le Fandango, comme on le voit, changea aussi de nom; mais c'était toujours, à peu de chose près, la même danse. On introduisit en Italie cette danse espagnole; mais elle fut exécutée avec plus de retenue.

En général toutes les danses espagnoles, telles que le *Bolero*, la *Cachucha*, les *Séguedillas*, d'origine mauresque, et autres, sont des imitations du *Fandango* ou du *Chica* africain; par conséquent elles se ressentent de l'abandon voluptueux, pour ne pas dire obscène, de leur modèle.

(*) *Traduction*. Périsse l'impudique inventeur de cette danse obscène, qui le premier l'introduisit chez nous. Les habitans de la nouvelle Castille, appellent ce jeu impie et profane, *Sarabande* (28) et *Chaccone* (29).

L'extrême galanterie, le sentiment le plus vif de l'amour, sont presque les seules choses qui, en Espagne, invitent les habitans à se livrer à la danse. On peut le voir en comparant leurs danses nationales à celles des autres pays.

Dans celles-ci, les plaisirs les plus innocens, la joie, et sans en exclure la simple galanterie, en sont pour l'ordinaire les mobiles naturels. La *Tarantelle*, la *Fourlane* (30), la *Montferine*, la *Contre-danse* (31), la *Provençale*, la *Mazourque*, communément dite la *Russe* (32), l'*Écossaise*, l'*Allemande*, la *Polonaise*, l'*Anglaise*, la *Hongroise*, toutes danses populaires très-célèbres, nous en offrent la preuve convaincante. Mais sous les climats brûlans de l'Afrique, de l'Amérique et de l'Espagne, c'est l'amour dans toute sa force, qui provoque les indigènes à la danse. Le *Chica*, le *Fandango*, le *Sarao* (33), et quelques autres encore portent l'empreinte de la passion la plus vive, la plus profonde, j'oserais même dire la plus effrénée, tandis que les autres danses modernes sont réglées sur des plans indiqués par les progrès de la civilisation et avoués par les bonnes mœurs et le goût le plus délicat.

De toutes nos danses modernes, la *Tarantelle* napolitaine est la plus gaie et la plus variée. De même que la *Sicilienne*, elle se ressent maintenant un peu du cachet que lui a imprimé le *Fandango*. J'imagine qu'elles sont un mélange de danse italienne et espagnole. Cela a dû sans doute s'effectuer lors de l'introduction de la danse espagnole en Italie. La *Tarantelle* se forma de l'amalgame des deux genres.

La *Tarantelle* est la danse nationale des Napolitains, et spécialement des habitans de la Pouille. Elle est vive et voluptueuse; ses pas, ses attitudes et la musique qui l'accompagne, portent l'empreinte du caractère de ceux qui l'ont inventée.

On prétend généralement que cette danse a reçu son nom de la *Tarantule*, insecte que l'on croit vénimeux, et que l'on rencontre dans les climats chauds des deux Siciles, de l'Asie et de l'Afrique. Les personnes qui sont atteintes de ses morsures, dans la canicule seulement, ne peuvent échapper à un désordre organique, mais qui ne cause jamais de suites fâcheuses, qu'en provoquant une grande transpiration qui entraîne avec elle le venin de l'insecte; or, d'après toutes les expériences qui ont été faites, il n'y a que l'influence de la musique qui puisse parvenir à agiter ces malheureux au point de les faire sauter et d'entretenir leurs mouvemens jusqu'à ce que l'extrême lassitude les fasse tomber.

La musique qu'on emploie pour opérer cette espèce de guérison, est d'une cadence très-marquée et d'un rythme excessivement gai. La mesure de 6/8 remplit parfaitement cet objet. Les percussions réitérées de ses *triolets*, jointes à la vivacité de son mouvement, parviennent à électriser et à faire agir des corps que leur dérangement total semble priver pour jamais de l'existence (34).

Soit que cette danse ait été employée au remède contre la *Tarantule*, soit que les mouvemens, les sauts de ces malades, et la musique qui les inspire, aient donné l'idée de composer une danse qui eut une analogie avec eux, on l'a appelée *Tarantella*. Quelques personnes sont aussi d'opinion, que cette composition est véritablement un fragment de musique grecque, dont le nom dérive du mot *Tarente*, ancienne ville de la Grande-Grèce.

Des tambourins, des mandolines et des castagnettes les accompagnent, et sont en parfait accord avec eux. Les deux danseurs paraissent d'abord chercher à se plaire et à s'aimer. Il règne dans leurs attitudes un aimable abandon, et tous leurs mouvemens sont faits avec grâce. La femme tâche, par la vivacité de ses manières et de ses pas, d'agacer son danseur; celui-ci, animé du même sentiment, cherche à son tour à la charmer par son agilité, sa légèreté et par l'expression de ses tendres regards. Ils se fuyent, se cherchent; se réunissent, se séparent; leurs gestes expriment tantôt la coquetterie, tantôt l'amour, tantôt l'inconstance. En s'intéressant à la variété de leurs sentimens, l'œil est diverti par leurs pas toujours cadencés et brillans, par leurs poses pittoresques, leurs tableaux, leurs groupes. Leurs évolutions décrivent agréablement des lignes horizontales, obliques, parallèles et courbes, des triangles, des cercles, etc.

Ces deux acteurs se tiennent souvent

par la main ; parfois ils se jettent dans les bras l'un de l'autre ; si l'un d'eux se met à genou, l'autre danse autour de lui, et tous deux se lancent des regards où se montrent l'espérance et le plaisir. Ils s'imitent dans leurs pas, et tout dans leur danse devient assaut et lutte. Ils envient la même défaite et la même victoire.

La *Tarantelle* est le type des danses calabraises.

Cependant la décadence de certaines puissances en Italie, fit encore éprouver une chute à la danse et aux ballets. Les Italiens perdirent leur goût pour ces spectacles, et semblèrent les abandonner aux Français.

Catherine de Médicis en fit l'ornement de sa cour, et Baltazarini di Belgioioso les dirigea, et en composa avec succès. Il fit en France, pour le ballet, ce que Jodelle avait fait pour la tragédie. Ainsi, c'est au Trissin, et à ces deux hommes célèbres, que les modernes doivent leur théâtre, leur tragédie et leurs ballets.

Ce fut sous Louis XIV que ces charmantes représentations théâtrales firent de nouveaux progrès, et qu'elles devinrent le principal embellissement de ces superbes fêtes que l'on donnaient à Versailles et aux Tuileries.

Le chevalier Servandoni, auteur de la majestueuse église de Saint-Sulpice de Paris, célèbre comme architecte et peintre de perspective, offrit au public, avec le plus grand succès, des spectacles où la musique, la pantomime, la danse, les machines, les décors et les costumes brillaient tour à tour. On peut regarder cet artiste florentin, comme l'un des promoteurs des grands ballets à spectacle,

« Où tous les arts enchantent tous les sens. »

Bernard.

C'est alors que l'on créa des spectacles,

étonnans par la magie des décorations et la richesse de toutes les autres parties, et qui depuis ont été perfectionnées par les artistes qui honorent le siècle présent.

Les danseurs francais devinrent à leur tour, les maîtres et les modèles des artistes des autres pays. Paris établit la vraie manière de danser avec grâce et noblesse, et l'école francaise fut réputée la meilleure de toutes les écoles, de même que le fut celle de la musique italienne, à l'égard des autres écoles de l'Europe.

Beauchamp fut le premier des maîtres de ballets de l'Opéra de Paris. Il se fit aussi un nom comme danseur sérieux, et devint sur-intendant des ballets de Louis XIV (35). Sodi, qui se fit remarquer par son talent dans la pantomime; Lani, bon danseur demi-caractère; de Hesse et le danseur comique Malter, furent regardés comme les meilleurs compositeurs de leur temps. Pitrot leur succéda, et se sentant des dispositions pour réussir dans le genre héroïque, et l'améliorer, il composa son ballet de *Télémaque*, qui obtint un grand succès. L'Etang, Picq, Gaspard Angiolini et Canziani, ses contemporains, se distinguèrent par des compositions tragiques, où la pantomime était traitée d'une manière plus importante que dans les ouvrages de leurs devanciers. Le premier fut regardé comme l'un des meilleurs danseurs sérieux de l'époque.

Noverre parut alors, et par ses talens et ses connaissances, perfectionna autant qu'il était possible, la chorégraphie et la composition des ballets. Il fut justement regardé comme le restaurateur de la pantomime et du genre du ballet. Tandis qu'il l'emportait sur ses rivaux dans la composition, Dupré, G. Vestris et Gardel l'aîné, disputaient avec avantage la palme aux danseurs leurs émules. Ce dernier se distingua aussi par de fort jolis ballets. Dumoulin les precéda de peu ; il réussit mieux que tout autre dans l'exécution des *pas-de-deux*, et la manière d'accompagner et de suivre sa danseuse dans les groupes et les tableaux. Fossan rivalisait avec lui dans le *comique* et le *villageois*. Les danseuses les plus célèbres d'alors, et qui firent oublier Mlles. Guyot, Fontaine, Subligny et Favier, étaient les demoiselles Sallé, Puvigny, Lany et Camargo. La première se livrait avec grâce au genre noble ; la seconde appartenait au genre demi-caractère, et la dernière fut celle qui s'adonna, avant toutes ses compagnes, aux entrechats et à la dans sur des airs très-gais. Profitant d'une exécution vive et brillante, que n'avaient pas ses rivales, elle parut introduire un nouveau genre de danse. Dans la suite elle fut égalée par mademoiselle Prévot.

Blondy, Pécour, Ballon, Laval, Javilliers, Lépy; mesdemoiselles Heinel, Pessier, et quelques autres encore, tiennent à côté des artistes déjà cités, des places honorables dans les annales de Terpsichore.

Mesdemoiselles Guimard et Allard leur succédèrent et éclipsèrent les réputations de leurs rivales, par la grâce et l'élégance de leurs pas et de leurs attitudes. Les danseurs doivent enfin le perfectionnement de leur art à Dauberval, à M. Gardel, et à quelques autres artistes d'un mérite distingué. Le premier excellait dans le comique et le demi-caractère; le second dans le sérieux et le genre mixte.

A. Vestris, Laborie, Deshayes, Didelot Duport; mesdemoiselles Chameroy, Gardel, Gosselin aînée, Millière, Clotilde, Fanny Bias, Bigottini, Lorrain, Couston, soutinrent l'honneur de la danse.

Mesdemoiselles Taglioni, la sylphide de l'Opéra, Noblet, Montessu, Léon, Evelina, Brugnoli, Martin, Lecomte, Julia, Legallois, MM. Albert, Paul, Ferdinand, Coulon, Barrez, Rouzi, Lachouque, Lefebvre, Bournonville, Boziers, et tant d'autres, marchent dignement sur les traces des grands maîtres.

Dauberval et Gardel en donnant un fini et une élégance qui manquaient aux ouvrages de Noverre, furent réputés les meilleurs chorégraphes de leur temps. Les ballets de *Télémaque* et de la *Fille mal gardée*, de Dauberval, sont justement considérés comme les chefs-d'œuvre du genre tragique et du genre comique.

Gardel excella dans les ouvrages mythologiques et anacréontiques, et sur-tout dans la composition des danses. Ses meilleurs ballets sont : *Psyché*, *Achille à Scyros*, *Pâris*, *la Dansomanie*.

Coindé, Didelot, Milon, Aumer, Blache, successeurs de ces maîtres, obtinrent de brillans succès par des ouvrages de différens genres. *Les Amours de Vénus, Pygmalion* et *la Double Fête*, assurèrent à Coindé, un rang très-distingué parmi les bons compositeurs. Didelot, auteur de *Flore et Zéphyre*, de *Psyché*, de *Cendrillon*, est le digne élève de Dauberval. Les ballets de *Nina*, d'*Ulysse*, de *Clary* de Milon; ceux d'*Antoine et Cléopâtre* et de la *Somnambule* d'Aumer; ainsi que les ballets de Blache, *Almaviva et Rosine*, et les *Filets de Vulcain*, sont tous des ouvrages dignes d'être placés à côté de ceux des précédens.

MM. Léon, Henry, Blache fils, Galzerani sont aussi des maîtres de ballets recommandables.

Pendant que la danse se perfectionnait en France, on ne représentait plus en Italie que des pantomimes dépourvues de goût, de grâce et de naturel. On y introduisit peu à peu des danseurs français, et ils y produisirent beaucoup d'effet. Des compositeurs de la même nation furent aussi applaudis des Italiens, et leurs ouvrages contribuèrent à améliorer le goût de ce pays pour la danse.

Noverre composa plusieurs ballets à Milan, et sa manière se propagea dans toute l'Italie. Il compta parmi ses élèves plusieurs italiens, dont les principaux D. Rossi, F. Clerico, P. Franchi, Mazzarelli, P. Angiolini et J. B. Giannini. Ils composèrent avec succès, et ouvrirent à Vigano et Gioia, une carrière où le talent et l'imagination de ceux-ci atteignirent presque le but qu'ils avaient placé du consentement de l'esprit de la nation pour laquelle ils composaient.

Les maîtres de ballets italiens réussirent dans le genre tragique et historique, l'organisation de cette nation préférant les fortes impressions aux douces émotions. Au contraire les Français semblent plutôt vouloir prouver des émotions agréables que terri bles, et leurs compositeurs se destinent le plus souvent au genre anacréontique et mythologique (36). Cependant depuis quelques années, on remarque avec plaisir que plusieurs de ces artistes s'essaient dans le genre sentimental et historique. C'est le vrai moyen de faire faire des progrès à l'art, et de multiplier les plaisirs du public.

Non seulement la danse jouit à l'égal de la musique d'une grande importance chez les anciens, puisque la religion s'en empara, et qu'il n'y avait point de fêtes solennelles sans elle, ni de spectacles sans être embellis de ses charmes. Les patriarches, Homère, Pythagore, Salomon, David, les prophètes, Ste. Cécile, attestent le fait. On ne se contenta point de décerner à la danse, les premiers honneurs, mais on voulut aussi qu'elle fut, remarquons-le avec MM. Pariset et Villeneuve, « l'objet de plusieurs lois établies par différens législateurs de l'antiquité, qui la firent entrer dans l'éducation comme un moyen de donner du ressort et de la force au corps, d'en entretenir l'agilité et d'en développer les grâces » (37).

Parmi les diverses inclinations qui sont naturelles à l'homme, la danse est sans contredit, une de celles qui se manifestent le plus promptement et le plus vivement. Nous pouvons l'observer chez les jeunes garçons et les jeunes filles, qui dans les fêtes et les jours d'allégresse dansent naturellement. Les Grecs poussés par cet instinct, et connaissant d'une part les avantages que la santé du corps retirait de la danse, et d'une autre, combien elle rendait l'homme fort, agile et dispos pour les travaux de la guerre et pour toute autre entreprise laborieuse, et combien encore elle rendait délicats et gracieux les mouvemens du corps, en formèrent un art, qu'ils s'étudièrent de porter à toute la perfection possible par eux imaginée. De même que la poésie et la musique, la danse devint partie essentielle de l'éducation de la jeunesse. La réunion de ces arts devait contribuer non seulement au perfectionnement du corps et de l'esprit, mais aussi des mœurs.

Platon, le plus grave philosophe de l'antiquité, regardait la musique et la danse, non comme un simple amusement, mais comme une partie importante des cérémonies religieuses, et des exercices militaires. (38) De là on voit qu'il s'était beaucoup occupé, dans ses livres des lois, à prescrire des règles raisonnées concernant la danse et la musique, pour pouvoir les renfermer dans les limites de l'utile et de l'honnête. Pénétrés des mêmes intentions, Lycurgue, Romulus et Numa firent cultiver et respecter la danse aux peuples qu'ils régissaient.

L'étude de la danse était chez les Grecs

une chose essentiellement recommandée et tenue en grande estime, et cela non pas autant pour l'usage des théâtres, que pour contracter les nobles attitudes du corps, dans quelque action que ce soit, et sur-tout pour perfectionner l'art dè gesticuler dans la conversation, dans les harangues, etc., qu'ils appelaient *Chironomie* (39).

Parmi les Grecs illustres qui pratiquèrent la danse, on nomme Thésée, Achille, Pyrrhus Périclès, Sophocle, Xénophon, Epaminondas, Démosthène, et Socrate même (40). Des philosophes, des orateurs, des généraux, des magistrats, des poètes se firent un devoir et un plaisir de cultiver cet art. Ils tenaient même à honneur de se présenter sur le théâtre et d'y montrer des talens. Il en fut de même à Rome, à une certaine époque, et les noms de Plancus, Licinius, A. Claudius, Crassus, Gabinius, M. Cœlius, furent inscrits à côté de ceux des saltateurs et des acteurs pantomimes.

Enfin la nation grecque se livrait à la danse, soit d'après les lois de ses sages législateurs, soit par goût naturel. Tout nous démontre que le but d'utilité de la danse n'était pas moins grand que celui de son agrément. Les poètes de la Grèce, tout en rendant hommage à cet art, en firent sentir l'avantage.

« Tout le corps prend un maintien agréable et aisé; il se meut avec plus de grâce et de liberté. Les épaules et les bras se portent en arrière; les membres inférieurs acquièrent plus de force et de souplesse; les masses musculaires des cuisses et des jambes se dessinent fortement; les pieds sont constamment tournés en dehors; enfin, la marche a un caractère particulier auquel on reconnaît facilement celui qui exerce la profession de danseur.

» La danse convient particulièrement dans la jeunesse; à cette époque de la vie où ce mouvement est un besoin, où dépenser ses forces est un moyen d'en acquérir de plus considérables. »

» Il n'y a personne, de quelque condition que ce soit, qui ne désire être leste et fort; qui n'ambitionne de réunir à ces qualités, celle de la grâce. De tous les exercices qui rendent le corps robuste, il n'y en a pas qui surpasse celui de la danse et de la pantomime.

» Tous les autres exercices physiques renforcent de certaines parties du corps, mais ils en affaiblissent d'autres. L'escrime accroît de la vigueur au bras et aux pieds, mais elle déforme et rend défectueux le restant du corps. L'équitation grossit les lombes et affaiblit les cuisses. Enfin les autres exercices du corps ne perfectionnent jamais entièrement tous les membres; ils laissent toujours quelque chose de monstrueux chez la personne qui les entreprend, et ne peuvent donner ces manières élégantes, ce maintien assuré, cette belle tenue, et cette grâce qui résultent de la danse. Elle opère chez ceux qui s'y livrent, l'exercice des pieds, de toutes les parties de la jambe, des bras, de la figure et de tout le reste du corps; et, en copiant, en rendant les passions avec cette éloquence muette, elle ajoute par ce charme à ces autres qualités. On retire de l'art de la danse et de la pantomime bien plus d'avantages qu'on n'en peut obtenir de tous les autres gymnastiques ensemble.

» La danse paraît convenir spécialement aux femmes, dont la constitution, ordinairement souple et faible, a besoin d'être renforcée par un exercice qui rompe l'inaction où nos usages condamnent un grand nombre d'entr'elles.

» La danse, ainsi que l'a reconnu le capitaine Cook, est un exercice fort utile aux marins. Ce célèbre navigateur qui, sur ses vaisseaux, réduisit la mortalité aux chances ordinaires, avait grand soin, dans les temps de calme, de faire danser au son d'un violon, ses matelots et ses soldats; moyen auquel il attribua en grande partie la bonne santé qui régna dans ses équipages pendant des navigations de plusieurs années. »

Dictionnaire des sciences médicales.

Cette danse est l'*Hornpipe*, généralement en usage en Angleterre. Les mouvemens et les pas en sont très-vifs.

L'exercice du corps donne la santé, la vigueur, la gaîté, un bon appétit et un sommeil profond; mais d'un travail trop sédentaire, il résulte des dérangemens dans la santé, qui attristent la vie et l'abrègent, troublent le repos, font naître le dégoût et produisent une langueur continuelle et un malaise dont on ne peut souvent découvrir la cause.

Les plus fameux dans l'art d'Hippocrate, conviennent que la danse peut être employée comme un excellent remède à bien des maux (41).

Tissot, dans un de ses ouvrages, ordonne absolument que la danse soit exercée dans les colléges, comme étant d'un grand avantage non-seulement pour la constitution physique, mais parce que l'esprit des jeunes élèves, dans leurs continuelles et profondes études, a besoin de délassemens et de distraction.

« La danse doit faire partie de l'éducation physique des enfans, non-seulement sous le rapport de l'hygiène, mais encore comme un moyen de remédier aux attitudes vicieuses que le corps ne prend que trop souvent. (42) »

L'art de la danse est nécessaire, même indispensable chez ceux qui fréquentent habituellement les sociétés. La manière de se présenter dans un cercle, celle de recevoir avec grâce, avec une certaine aisance agréable les personnes chez soi;

la contenance que l'on doit avoir dans une assemblée ; la manière de saluer, celle de marcher, sont toutes des choses très-essentielles et que l'exercice seul de la danse peut donner.

Nous voyons, d'après tout cela, que cet art donne de la grâce et de l'agilité au corps ; qu'il peut remédier aux défauts physiques, être avantageux au moral, servir de soulagement, de guérison à de certaines maladies, être aussi utile dans la société, et qu'il sert d'ornement agréable à tous ceux qui ont le bonheur de posséder une éducation soignée et accomplie.

« .... Quacumque potes dote placere, place. »

Ovide.

DE QUELQUES

Danses nationales.

LE CHICA.

L'origne de cette danse n'est point connue; et l'on ne peut guère s'en tenir qu'à des suppositions : les seuls habitans d'un climat chaud en auront sans doute été les inventeurs. Elle nous est parvenue des contrées africaines, où presque tous les peuples la dansent et principalement les Congos. Les nègres l'ont transportée aux Antilles où elle a été bientôt naturalisée.

« Dans tout le continent de l'Amérique espagnole, le Chica exerce un empire tellement universel, qu'au commencement de ce siècle, on l'y dansait encore dans les cérémonies pieuses, dans les processions.

Les Créoles ont adopté cette danse avec enthousiasme, et elle a un très-grand pouvoir sur eux.

L'Amérique n'a pas été la seule qui ait reçu à cet égard, l'influence de l'Afrique, puisque les Maures ont rendu propre à l'Espagne la passion du *Fandango*, qui n'est autre chose que le *Chica*, seulement un peu moins développé, parce que le climat ou d'autres circonstances lui auront été moins propices.

Lorsqu'on veut danser le *Chica*, des instrumens quelconques jouent un air, absolument consacré à cette espèce de danse, et dans lequel la mesure est extrêmement marquée. L'art, pour la danseuse, qui tient les extrémités d'un mouchoir ou les deux côtés de son jupon, consiste principalement à agiter la partie inférieure des reins en maintenant tout le reste du corps, dans une sorte d'immobilité. Veut-on animer le *Chica*, un danseur s'approche de la danseuse pendant qu'elle s'exerce, et s'élançant d'une manière précipitée, il tombe en mesure presqu'à la toucher, recule, s'élance de nouveau, et semble la conjurer de céder avec lui au charme qui la maîtrise.

Le *Chica* n'est plus admis maintenant (en Amérique) dans les bals des femmes blanches, si ce n'est lors de quelques réunions presque fortuites, où le petit nombre et le choix des spectateurs rassurent la danseuse; cette danse offensant trop la pudeur. *Moreau de Saint-Méry.*

Les religieuses dansent aussi dans de certaines cérémonies, le Kalenda, imitation du *Chica*, et par conséquent danse très-licencieuse.

Ces danses ont un pouvoir infini sur les Créoles, elles semblent leur donner une nouvelle existence.

« Lorsqu'on a vu les Créoles, dit M. Léonard, se traînant chez elles avec mollesse, appelant une esclave pour se faire éventer, ou pour ramasser un mouchoir échappé de leurs mains, on est émerveillé de voir, dans un bal, la légèreté de leurs pas, la souplesse de leurs mouvemens, le feu, la grâce et la vivacité de leur danse, et ne croyez pas qu'elle goûtent rarement ce plaisir. Les Créoles sont un peuple dansant : maîtresses et servantes, tout est en branle au son d'un instrument, celles-là dans leurs salons, celles-ci dans les cours, dans les jardins et jusques dans leurs cabanes. »

Remarquons d'après cette description, qu'au Caire où il n'existe point de théâtre, on a des espèces d'acteurs et de sauteurs, lesquels vont chez les particuliers exécuter des représentations scéniques, où les choses les plus licencieuses, les plus obscènes ont infiniment de rapport avec le

Chica, et le métier des anciens *Mimes*. Plusieurs danses grecques et romaines peuvent s'assimiler par leurs types, à celles du *Chica* et du *Fandango*; et cela sur-tout à l'époque de la décadence de la danse chez ces deux nations, alors qu'elle devint l'objet du mépris et des injures des hommes de goût et de bonnes mœurs.

Je ne serais pas éloigné de croire que ces danses modernes doivent leur origine aux danses antiques. En effet, pourquoi ce pays si riche en productions de tout genre, et qui vit naître Socrate et Diogène, Phocion et Alcibiade, Homère et Aristophane, Agoracrite (43), Cléophane (44), Callipide (45), tous génies extraordinaires, et opposés l'un à l'autre, pourquoi, dis-je, la Grèce n'eut-elle point donné la naissance à la danse de la volupté la plus raffinée, à cette danse faite pour célébrer Vénus?

« La terra molle e lieta e dilettosa,
Simili a se gli abitator, produce. » *Le Tasse.*

La danse de l'*Angrismène*, très-en usage chez les Grecs modernes, vient m'affermir dans mes doutes.

L'ANGRISMÈNE.

L'*Angrismène*, c'est-à-dire la *Fâchée*, s'exécute par deux personnes de sexe différent. Une jeune fille paraît en dansant (la musique marque un *andantino langoureux*); après qu'elle a décrit un grand tour, fait quelques pas terre-à-terre et pris quelques attitudes gracieuses, il se présente un jeune homme qui arrive aussi en dansant. Il folâtre et joue avec un mouchoir qu'il tient dans une main. Il tâche de s'approcher de la jeune danseuse, mais elle exprime, par son air et ses gestes, le dédain et le mépris; elle s'enfuit. L'amant témoigne la peine qu'il éprouve en se voyant rejeté, et reproche au destin son malheur. Cependant il s'approche de nouveau de l'objet qu'il aime, lui offre la paix, et cherche à l'attendrir. Mais la jeune femme, fière de ses avantages, le repousse et lui défend de lui parler de son amour.

Les pas et tous les autres mouvemens de ces danseurs vont parfaitement d'accord avec la cadence musicale. Ils expriment avec justesse, avec vivacité les sentimens du courroux et de l'amour. Le jeune homme se voyant enfin traité si indignement, frémit de colère, ne sait à quoi se résoudre; il est dans la plus grande agitation. Cependant il se détermine à prendre un parti violent. La jeune fille fixe sur lui un regard sévère et menaçant. Il devient immobile, il pousse des soupirs; il se livre peu à peu au désespoir. Ses regards enflammés se lèvent vers le ciel, il le conjure de terminer ses jours, et, se nouant son mouchoir autour du cou, il le serre avec force, et est près de tomber. Alors, la belle accourt et le soutient. Il paraît avoir expiré ; elle gémit de sa rigueur : elle dénoue le mouchoir, appelle son amant ; sa tendresse voudrait à tout prix le ramener à la vie. Le jeune homme reprend ses sens ; les accens douloureux de sa belle le raniment, et il se voit dans ses bras. Son bonheur est à son comble ! La joie se partage le cœur des deux amans, et ils se jurent un éternel amour. Leur danse, reprenant sa première gaîté, devient l'interprête de leur tendresse réciproque.

La *Candiote* est aussi une danse des Grecs modernes, mais elle est loin d'offrir le même agrement et la même expression que l'*Angrismène*.

Danses Espagnoles.

Les danses espagnoles, soit par leur caractère, soit par leur nombre, excitèrent toujours la curiosité des hommes de goût, et sur-tout des amateurs de l'art de la danse. La jolie petite pièce du *Procès du Fandango*, cette danse tant vantée, est une des preuves qui, jointe aux suffrages des Espagnols, font du *Fandango* la danse par excellence de l'Espagne, et celle qui jouit des premiers honneurs. Les autres danses en sont presque toutes des imitations, et on les regarde comme étant du second ordre.

Les attitudes et les groupes gracieux et voluptueux du *Fandango*, la cadence et le rythme de sa musique, ont un charme puissant sur tous les spectateurs, et les

Espagnols se livrent avec transport à cette danse.

Un léger examen et une description succincte des danses espagnoles, rentrant dans la nature du sujet de cette première partie de mon ouvrage, je me fais un devoir de les offrir à mes lecteurs; ils verront dans ces jeux, dans ces exercices imitatifs des Espagnols, le type du caractère et du goût de ces peuples.

Dans les pas, c'est la légèreté, la grâce, la souplesse, l'aplomb que l'on remarque; et les gestes expriment avec une majesté et une certaine galanterie, les sentimens qui dominent le caractère national, c'est-à-dire : la fierté, l'orgueil, l'amour, l'arrogance même.

Dans l'exécution des danses espagnoles, les bras sont toujours ouverts et leurs mouvemens ondulés, n'importe leur direction. Tantôt ils indiquent le sentiment généreux d'une protection absolue de l'objet aimé, tantôt ils peignent avec vivacité le doux sentiment qu'il inspire, et la sincérité de l'aveu.

Les yeux souvent dirigés vers les pieds, passent en revue toutes les parties du corps, et montrent le plaisir que fait éprouver la beauté des formes.

Les agitations du corps, les trépignemens, les poses, les attitudes, les épaulemens, soit vifs ou graves, indiquent la galanterie, l'impatience, l'incertitude, la tendresse, le dépit, le désordre, le désespoir, le retour, la satisfaction, le bonheur. C'est à ces différentes nuances des passions que l'on reconnaît le genre et le caractère des danses espagnoles, où l'esprit et les mœurs de ceux qui les ont inventées se montrent si bien. Là, c'est l'amoureux Rodrigue aux pieds de Chimène, ici c'est la Bohémienne de Cervantes, ou les galanteries respectueuses des anciens romans espagnols.

LE FANDANGO.

Cette danse s'exécute à deux, et avec des castagnettes, instrument en bois de noyer ou d'ébène. La musique en est à $3/8$, et d'un mouvement précipité. Le son des castagnettes, et les mouvemens des pieds, des bras et du corps, l'accompagnent avec la plus grande précision. Tout est vif, tout est en action dans le fandango.

Autrefois, beaucoup plus général, les personnes de qualité le dansaient dans les règles prescrites pour le théâtre, c'est-à-dire, avec plus de noblesse, de gravité, et sans la moindre action qui pût offenser la pudeur, et répugner au goût.

Le bas peuple chez qui cet danse est en vogue, y mêle des attitudes et des pas qui tiennent à la grossièreté, et rien ne peut en adoucir ni diminuer l'exagération, que l'extrême lassitude.

LE BOLERO.

Le *Bolero*, beaucoup plus retenu, et beaucoup plus noble que le *Fandango*, est aussi une danse qui s'exécute à deux. Elle est composée de plusieurs parties, savoir : le *Paseo* ou promenade, qui en est comme l'introduction; *las traversias* ou traversés pour changer de position, avant et après *las diferencias*, mesure où l'on change de pas; enfin, *las finales* qui se terminent par le *bien parado*, attitude gracieuse ou groupe du couple dansant.

L'air du *Bolero*, est à 2/4, il y en a aussi dans la mesure de 3/4. Cette musique est très-cadencée et très variée. Il est permis de changer, ou remplacer l'air et les mélodies de cette danse, mais on en doit conserver le rythme, les mesures, et les ritournelles des couplets qu'on appèle syncopes feintes. Les pas du Bolero se font terre-à-terre, ils sont glissés, frappés, pliés, et toujours très-marqués.

LES SEGUIDILLAS BOLERAS.

Les Boleros chantés, et accompagnés avec la guitare, se nomment *Séguidillas Boleras*. La grande difficulté de cette danse consiste dans la reprise du *pasco*, immédiatement après la première partie des couplets, dans le prélude de l'accompagnement qui précéde l'*estribillo*, partie du couplet où se trouve, non la morale, mais la pointe épigrammatique.

LES SEGUIDILLAS MANCHEGAS.

Ces Seguidilles que l'on danse à quatre, six, huit, ou plus, sont beaucoup plus précipitées dans leur mouvement, et commencent sans *paseo.* La *traversia* en est plus courte, et le *bien parado* sans attitude.

Cette danse est très-gaie ; le bas peuple s'y livre avec prédilection ; elle est d'origine mauresque.

LA CACHUCHA.

Le *Cachucha*, solo, d'homme ou de femme, mais plus convenable encore à celle-ci, suit avec une admirable précision, toutes les différentes nuances qui caractérisent l'air de cette danse, qui est tour à tour gracieux, vif et passionné.

LES SEGUIDILLAS JALCADAS.

Espèce de Bolero très-vif, mélangé de quelques mesures de la Cachucha.

LE MENUET AFANDANGADO.

Sorte de menuet mélangé de Fandango.

MENUET ALEMANDADO.

Menuet mélangé de passes d'*Allemande.*

LA GUARACHA.

Cette danse, dont l'air est à $^3/_8$, s'exécute à un seul en s'accompagnant avec une guitare. Les mouvemens que l'on doit presser progressivement, la rendent assez difficile. On la danse rarement aujourd'hui, et jamais ailleurs qu'au théâtre.

EL ZAPATEADO.

Même mouvement que la Guaracha. Mesure de $^3/_8$. Beaucoup de bruit avec les pieds; les pas en sont pour ainsi dire frappés comme dans l'*anglaise* et la *sabotière*.

EL ZORONGO.

Cette danse a donné son nom à la coiffure des femmes, qui en Espagne mêlent des rubans aux cheveux. Les pas en sont très-simples, et suivant un mouvement très-vif. Ils sont dirigés en avant et en arrière. On claque des mains de temps en temps.

EL TRIPILI, TRAPALA.

Cette danse est à peu de chose près, comme le Zorongo, à l'exception qu'elle finit par trois demi-tours.

Le caractère original de ces danses, leurs formes variées et séduisantes, ont toujours obtenu la préférence, en excitant de vives et douces émotions. Il est bien peu de danses chez les autres nations, qui, sous ces rapports, puissent leur être comparées. La musique qui les accompagne, ou plutôt qui paraît les inspirer, est si remplie d'harmonie, et d'une mélodie si neuve, elle pénètre avec tant de suavité, et s'insinue si facilement dans l'ame, que la personne la moins sensible ne peut s'empêcher d'en sentir la charmante émotion.

Une chose aussi qui ajoute à l'attrait de ces danses, c'est le costume pittoresque des exécutans, rien de plus joli que sa forme, ses ornemens et l'assemblage de ses couleurs. La piquante physionomie des femmes, l'énergique expression de leurs regards, leur taille qui semble créée pour la danse, accompagnées de ce charmant vêtement, et d'une élégante chaussure, sont faites pour ravir tous les cœurs. Il semble en voyant danser ces nouvelles Bayadères, voir s'animer et respirer le beau idéal d'un tableau dú Titien, ou du Véronèse.

La plupart de nos lecteurs remarqueront sans doute, que nous avons omis dans la nomenclature des danses espagnoles, les *Folies* dites d'*Espagne*, que l'on croit communément être une danse très en usage et très-célèbre dans ce pays. Mais nous leur ferons observer que c'est seulement un air composé par Corelli, lequel eut tant de vogue que les Espagnols en raffolèrent, ce qui donna le nom de *Folies*, à cette pièce de musique.

On la chantait, on l'exécutait avec des instrumens, et on finit par la danser. On lui adaptait n'importe quels pas, et chacun y improvisait une danse selon son goût et sa manière. Cette danse n'eut jamais un caractère particulier; d'ailleurs la musique en faisait presque tous les frais.

Nous ne croyons pas inutile de placer ici l'étymologie des noms caractéristiques des danses espagnoles. Cela pourra servir à l'instruction, et à l'agrément des amateurs de notre art.

Le mot BOLERO, *saltationis hispanæ genus*, dérive du verbe *volar*, ou du substantif espagnol *volero*, pour *voludor*, dont la signification a été probablement appliquée à la danse du *Bolero*, à cause de l'extrême légèreté avec laquelle elle doit être exécutée.

SÉGUIDILLAS, veut dire *continuation*, et en effet les séguidilles sont le chant du *Bolero*, exécuté par la voix, ou autrement, mais continué, ou suivi de la ritournelle de l'instrument qui l'accompagne.

L'adjectif JALEADAS, est pris du mot *Jaleo* qui signifie amusement bruyant.

MANCHEGAS, signifie de la Manche, Province méridionale de l'Espagne, entre l'Andalousie et la nouvelle Castille.

CACHUCHA : ce mot n'est dans aucun dictionnaire de la langue espagnole. Il est pris dans l'usage, pour un éventail, un oiseau, une casquette, et généralement pour tout ce qui est joli ou gracieux. Dans le langage des *Jitanos* andaloux, le mot *cachucho*, signifie *or*. Dans un style plus élevé, *cachucho* signifie la place du carquois où l'amour met ses flèches. *Sagitta. Capsula in pharetra.*

Le mot FANDANGO veut dire *fait danser* : *afandangado*, qui tient du *fandango*.

GUARACHA est une expression des Nègres, qui signifie *Vivacité.*

ZAPATEADO, veut dire, avec le mouvement des pieds.

TRIPILI, TRAPALA, ne sont que des mots pour désigner une certaine inflexion de voix des *Jitanos* ou Bohémiens andaloux.

NOTES.

(1) *Ess. sur les Mœurs*, etc., ch. XCIII. En fait de conquêtes, de ravages, de carnages, rien ne peut être comparé à cette nation barbare. Voir *Sagredo*, *Histoire des Monarques ottomans*.

(2) Voyez Reinesius, Gruter, Gudio, etc.

(3) Le nom de la muse qui préside à la danse, Terpsichore, est composé de deux mots grecs, dont le premier (TERPËIN) signifie *réjouir*, et l'autre (CHOROS), *chœur*, danse.

Le nom d'Euterpe, du grec (EU-TERPËIN) *bien, charmer*, signifie *plaisir* : cette muse préside à la musique.

(4) Gen. ch. IV. v. 21 et 22.

(5) Lisez le *Dialogue sur la danse*, par cet ingénieux écrivian.

(6) Cet artiste célèbre construisit le théâtre d'Athènes. Et ce magnifique bâtiment fut justement regardé comme le modèle du genre.

(7) « *Pyrrhicam.* Ea saltationis species est, nomen ab inventore sortita, quem alii Pyrrhum Achillis filium, alii Pyrrhum quemdam Cretensem, vel etiam à ratione saltandi quod Pyrrichii pedis modulo soleret agitari, de quo pede. *Quint. lib. IX, cap.* 14. Hæc fuit saltatio, ut plures existimanto armat, pro juvenibus ad militarem disciplinam exercendis : varii enim illius, motus et flexus, vitandæ vel in ferendæ plagæ reddebant idoneos. » *Casaub.*

Les danses guerrières, la *Belli-crepa* de Romulus, et la danse des *Saliens*, modifiée par Numa, étaient des imitations de la Pirrhique.

(8) Ce genre, cependant, tout mauvais qu'il est, a trouvé encore aujourd'hui un chaud partisan qui n'a point rougi de faire imprimer un article dans un journal de Turin, qui parlait du spectacle du théâtre de Carignan, en faveur de ses bien-aimés, les *grotesques*.

Le genre du *grottesco* italien a quelque ressemblance avec celui du *Clown*, du théâtre anglais.

(9) Voir l'*Encyclopédie*, art. bal.

(10) Ceux qui désireront connaître d'une manière détaillée l'histoire de la danse des anciens, pourront voir Lucien, J. Pollux, Cassiodore, Athénee, Meursius, Scaliger, Cahusac, Ménétrier, Bonnet, Burette, Brown, Chaussard, Gironi, et les *Lettres et Entretiens sur la danse*, ouvrage inté-

ressant et rempli d'agrément, par M. A. Baron.

(11) Préparation du danseur pour l'exécution de son pas. Il étudie la tenue du corps, et dispose ses jambes à aller d'accord avec toutes les autres parties. Nous n'en usons pas autrement avant de danser, pour que tout soit gracieux et fait selon les règles.

(12) Les pas doivent être sans cesse d'accord avec la musique ; il faut qu'ils en marquent toutes les nuances. Cet ensemble est nécessaire et produit l'effet le plus agréable. Mesdames Montessu, Olivier et Brugnoli excellent dans cette partie de l'art.

(13) L'artiste se livre par gradation à tout ce que comprend son art. Son exécution est progressive, et il doit ménager ses moyens pour donner une espèce de clair-obscur à sa danse. La vivacité et la légèreté sont des qualités indispensables au danseur ; le spec-

tateur aime à voir en lui quelque chose d'aérien. C'est ce qu'on remarque dans la danse de madame Léon, et qui a fait dire en vers charmans, au célèbre poète le comte Paradisi, dans une de ses belles odes dont il voulut aussi que je partageasse l'honneur :

« . . . . l'agile
Pié d'Egle (Me. Léon), la decente
Mollezza, e la pieghevole
Salma, che in alto lieve,
Par che qual piuma o neve,
Perde al vento di scendere il vigor. »

(14) L'à-plomb et l'équilibre sont les principales qualités qui constituent le talent d'un bon danseur. Les *grands temps* doivent être faits avec correction et grâce. Le danseur doit toujours chercher à se dessiner avec goût, et à varier agréablement jusqu'à la moindre de ses poses.

(15) Point de monotonie dans l'invention

des *entrechats*, des *pas*; le charme de la nouveauté doit assaisonner les compositions de l'artiste. Nôs grands maîtres ne nous parlent point autrement que le poète.

(16) La vivacité donne du brillant aux pas, et en rend l'effet plus piquant.

(17) L'Ovide moderne fait allusion dans cette stance, aux *temps de vigueur*, d'élévation, aux entrechats, aux pas en tournant, aux pirouettes. Sa description nous peint parfaitement sa pensée, et l'on ne pourrait rien dire de plus précis sur l'exécution des meilleurs danseurs d'aujourd'hui.

(18) Marino fait voir quelle est l'union qui doit exister entre la danse et la musique, et combien l'artiste doit s'appliquer à rendre avec ses jambes, ses bras et son corps, le rythme de l'air, et s'il est permis de le dire, ses différentes couleurs. Ce tact qui donne du sentiment à la danse, réuni au talent de

bien approprier les pas aux phrases, au mouvement, au caractère de la musique, sont des qualités nécessaires à l'effet de notre exécution, et elles la ravivent.

(19) La souplesse, l'agilité, l'abandon, sont les choses qui doivent le plus séduire dans la danse. Je me rappelle que dans un pas de deux de caractère que je composai, et que j'exécutai avec madame Léon ci-dessus citée, et dans lequel nous nous tenions avec un schall qui, en accompagnant nos attitudes et nos mouvemens, contribuait à donner de la variété et de la nouveauté aux groupes, aux tableaux; cette danseuse déploya avec précision, avec grâce, tout ce que la danse a de charmes, et toutes les qualités dont j'ai parlé plus haut. Il faut se mouvoir avec goût, avec décence; que rien ne soit outré et ne devienne lascif. Que l'on se rappelle l'heureuse expression du poète :

« . . . . la decente
Mollezza . . . . »

Voilà ce que les spectateurs doivent apprécier chez les artistes de notre genre. La souplesse, l'abandon, la grâce, accompagnés de la décence, sont sans doute préférables aux mouvemens exagérés, aux contorsions, aux grimaces des phrynées dansantes.

Les anciens admettaient deux genres de danse; l'un pour les personnes comme il faut et honnêtes; l'autre adopté par les gens débauchés. Cette division des genres existait même du temps d'Homère.

Voir l'Iliad. liv. XIII.

Quelques-uns de nos danseurs pourraient bien apprendre quelque chose des danseurs de la cour d'Alcinoüs.

(20) Il faut que toutes les parties du corps composent, par leurs mouvemens, un ensemble harmonieux. C'est la perfection de l'art.

(21) Ces derniers vers décrivent d'une manière à ne point laisser douter que ce ne

soit ce que nous nommons *petits battemens* sur le coude-pied, ou bien *rond-de-jambes.* Le poète exige que tout soit fait dans les règles, et non par l'effet du hasard.

(22) L'auteur de l'*Adone* nous rappelle encore l'union de la danse et de la musique. Tout doit être étudié, mesuré; les préceptes de l'art doivent toujours être le guide du véritable artiste. Cependant il faut montrer de l'aisance, de la facilité dans l'exécution, et cacher ainsi la difficulté qui nous combat.

(23) Le poète nous fait la description ingénieuse de la pirouette. On ne peut mieux démontrer la manière de l'exécuter, et de nous en faire concevoir et sentir l'effet. La danseuse commence d'abord par tourner à la seconde, et puis après, elle continue la pirouette par des *petits-battemens*, ou des *rond-de-jambes.*

« E'l corpo non leggiero, e non gravoso,
D'intorno al centro si raggiri, e volga. »

LE TASSE.

La danse eut une brillante aurore en Italie.

(24) Les quatre premiers vers de cette octave nous montrent avec quelle rapidité on peut pirouetter, et les attitudes élégantes que l'on prend en tournant. Les derniers vers nous décrivent la préparation et l'effet de la *cabriole*.

(25) Il est impossible d'expliquer avec plus d'exactitude et d'une manière plus poétique, le *temps* de l'*entrechat;* on le voit. Ces huit vers sont admirables, et suffisent à la démonstration. Marino a parfaitement peint l'action principale et tous les mouvemens accessoires qui l'accompagnent, de chez ceux qui sautent, qui cherchent à s'élever de terre.

Cependant on ne voudrait point voir faire à nos danseurs d'à présent, des efforts, des contorsions pour s'élancer en l'air et *battre* des *temps*. Ces moyens de s'aider sont naturels, mais ils ne sont pas gracieux. L'art doit y suppléer par la force des cou-de-pieds, la tention des jarrets et des reins; cela seul doit enlever la masse du corps, ce sera l'effet de l'exercice et de l'art combinés ensemble.

(26) Nous avons déjà parlé plus haut de la légèreté, de l'élévation, de la vivacité, de la vigueur, de la souplesse, etc., que doit posséder un bon danseur. Le poète se plaît à rappeler ici ces qualités, et les fait valoir avec pompe chez la déesse de la danse.

(27) Voir *Danses nationales*, le Chica.

(28) Avec le temps cette danse a changé de caractère, et s'est ennoblie. Voici comment le philosophe de Genève nous en décrit la musique. « *Sarabande*, air d'une danse grave, portant le même nom, laquelle paraît nous être venue d'Espagne, et se dansait autrefois avec des castagnettes. Cette danse n'est plus en usage, si ce n'est dans

quelques vieux opéras français. L'air de la Sarabande est à trois temps lents. »

(29) Le genre de la *Chaccone* dégénéra aussi sous nos anciens maîtres. Ecoutons l'auteur ci-dessus, lorsqu'il parle de la musique de cette danse. « *Chaccone*, sorte de pièce de musique faite pour la danse, dont la mesure est bien marquée. La *Chaccone* est née en Italie, et elle y était autrefois fort en usage, de même qu'en Espagne. On ne la connaît plus en France, que dans les vieilles partitions. » (*)

Nous voyons que les Italiens et les Espagnols firent parfois échange de leurs danses nationales.

« L'une des danses anciennes et qui a eu le plus de durée et de vogue, c'est le *Menuet*.

(*) Jean-Jacques parlait il y a soixante ans environ. Depuis cette époque on a fait de nouvelles Chaccone, et on en danse encore à Paris.

Mais il a subi bien des modifications. Cette danse tire son origine du Poitou. »

(30) *Fourlane*, air d'une danse de même nom, connue à Venise, sur-tout parmi les gondoliers. Sa mesure est à $^6/_8$; elle se bat gaîment, et la danse en est aussi fort gaie. On l'appelle *Fourlane*, parce qu'elle a pris naissance dans le Frioul, dont les habitans s'appellent Forlans. Cette danse a beaucoup de rapport avec la *Tarantelle*, mais elle n'est pas aussi variée. Le *Saltarello* et la *Lavandarina* romains, sont aussi des imitations de la *Tarantelle*.

(31) *Contre-danse*. Danse qui s'exécute ordinairement à huit personnes, quatre hommes et quatre femmes. L'invention en est moderne : elle est composée de pas différens, selon la nature des airs. La gaîté caractérise ce genre de danse qui a prévalu sur tous les autres. Les airs des *contre-danses* sont a deux temps ; ils doivent être bien cadencées, brillans et d'un chant simple. On peut varier à l'infini les contre-danses : 1°.

parce qu'elles admettent presque toute espèce de pas, pourvu qu'ils soient du genre terre-à-terre; 2°. parce que l'on y peut former une très-grande quantité d'évolutions agréables.

Voici quelles en sont les principales figures chorégraphiques : le cercle; le demi-cercle; la croix; la croix à quatre; la chaîne, et autres.

Les *contre-danses* ou *quadrilles*, et la *valse*, laquelle nous vient de la Suisse, sont les danses les plus en vogue de l'epoque. La manière de les exécuter doit être aisée, élégante, et les pas doivent être faits avec netteté et vivacité, sans jamais oublier la tenue décente et gracieuse du corps.

La *Gavotte* se danse quelquefois en société, mais elle exige plus d'étude que les autres danses.

Les *Bourrées*, la *Pavane*, la *Farandole*, les *Voltes*, les *Branles*, la *Courante*, les *Gaillardes*, les *Rondes*, les *Musettes*, les *Rigaudons*, les *Passe-pieds*, etc., ne sont plus de mode aujourd'hui.

(32) Cette danse est remplie de grâce, de minauderies; un sentiment vif et délicat lui donne l'être. L'*Ecossaise* est toute gaîté. L'*Anglaise* est vive et bizarre.

(33) Le *Sarao* prouve combien l'Espagnol est riche en danses nationales. Son pays est celui qui en a le plus. Le *Sarao* « est une assemblée qui se fait au carnaval; elle est composée de jeunes gens de l'un et de l'autre sexe, qui sont déguisés, mais démasqués. Une femme qui tient une corbeille pleine de ceintures de soie de diverses couleurs, en présente une à chaque dame qui entre dans la salle du *Sarao*. Une autre femme, chargée de pareilles ceintures, les distribue aux cavaliers; après quoi, chacun d'eux reconnaissant à la couleur de sa ceinture la personne qui doit être sa dame, ce soir là, l'aborde, et passe à ses genoux tout le temps que dure le *Sarao*. Il lui est permis de lui tenir les plus tendres discours sans qu'elle puisse s'en offenser. C'est la règle, elle occasionne souvent des intrigues. »

Le *Sarao* finit par des danses qu'il a motivées.

On voit par ces divertissemens, ces bals, le caractère espagnol dans presque toute son étendue. L'amour le transporte, et lui seul est jusques dans la moindre de ses actions, le plus puissant moteur.

En France et en Italie, un endroit public, la foule, le masque font hasarder bien des choses, et les cachent en même temps; mais en Espagne la retenue n'est point la même (au moins à l'époque où le *Sarao* était en usage). Les Espagnols s'abandonnent sans retenue aux impressions de l'âme, et agissent à visage découvert. L'assemblée la mieux choisie ne les gène en rien, puisque ce sont eux qui la composent. Le peuple qui, sous ce rapport pouvait être comparé à l'Espagnol, c'était le galant, le spirituel vénitien, il y a cinquante ans.

(34) Les médecins napolitains Claritio et Serrao ont prouvé par la seule argumentation et l'érudition, et *non par l'expérience*,

(*essentielle en pareil cas*) que tout ce que l'on a débité sur les morsures de la Tarantule, ne sont que des contes accrédités par le charlatanisme, l'ignorance et les préjugés. (Voir à ce sujet la savante dissertation du célèbre D. Pitaro). Des *expériences* postérieures prouvent, que la morsure de cet insecte cause du mal, mais nullement la mort.

(35) Cet artiste eut l'honneur de montrer à danser à son roi. Lulli s'associa à ce maître de ballet, et tous deux travaillèrent aux ouvrages qui ont servi de modèles aux grands opéras modernes, dont la musique et la danse font le charme principal. On sait combien Louis XIV aimait les spectacles, et le cas qu'il en faisait. Il y paraissait souvent comme danseur. Dans l'opéra du *Temple de la Paix*, qui fut représenté à la Cour en 1685, il y dansa avec le prince de Conti, la duchesse de Bourbon, mademoiselle de Blois, le comte Brionne, le marquis de Mouy et autres qui remplirent les premiers rôles du ballet. Il suivit l'exemple que lui

avaient donné Catherine de Médicis, la reine de Navarre, et Henri IV. Louis XV l'imita quelque fois.

(36) Je me réserve de parler aillieurs de la *composition des ballets*, des artistes et des différens genres de ballets.

(37) On reconnut dans la musique la meme utilité. Architas, Aristoxène, Eupolis, Aristophane, Cicéron, G. Gracchus, Théophraste, Nicomaque, Théodore, Pythagore et sa secte, Ptolomée, Platon, Lycurgue, Boèce, tous personnages dont le caractère et le savoir honorèrent la philosophie et les sciences, approuvèrent l'usage de la musique, donnèrent des louanges à cet art, et, l'associant aux études, ils la firent pratiquer à la jeunesse.

(38) V. Rollin, hist. ancien. tom. IV. liv. 10, ch. 1. § 10, page 578 et 579.

(39) Fab. Quintil. Instit. Orat. liv. 1. chap. 7.

(40) Scaliger, tom. 3, page 13. Athénée, liv. 4, chap. 6; et liv. 1, chap. 19.

(41) La musique a aussi parfois opéré des guérisons prodigieuses. Démocrite et Théophraste ont transmis à la postérité des miracles de cet art. Plutarque et Boèce ont rendu célèbres les noms de Terpandre, de Thalès de Crète, d'Isménie, de Xénocrate, d'Hyerophile et de plusieurs autres qui sous le même rapport ont illustré la musique. La musique italienne a droit aux mêmes éloges.

(42) Je démontrerai dans la seconde partie de cet ouvrage (*Théorie de la danse Théâtrale*), de quelle manière on peut en cacher les défauts physiques chez ceux qui dansent.

(43) Le premier sculpteur grec.

(44) Le premier peintre grec.

(45) Acteur, danseur et mime célèbre.

Citation originale des vers du célèbre Marini, *dont nous avons inséré la traduction à la page* 23 *et suivantes.*

« . . . . . . Soletta a ballar resta in disparte
Tersicore, che Diva è di quell' arte. »

« Si ritragge da capo, innanzi fassi,
Piega il ginocchio, e move il pié spedito,
E studia ben come dispensi i passi,
Mentre del dotto suon segue l'invito.
Circonda il campo, e raggirando vassi
Pria che proceda a carolar più trito,
Silieve, che porria, benchè profonde,
Premer senz'affondar le vie dell'onde. »

« Sul vago pié si libra, e il vago piede,
Movendo a passo misurato e lento,
Con maestria, con leggiadria si vede
Portar la vita in cento guise e cento.

Or si scosta, or si accosta, or fugge, or riede,
Or'a manca, or'a destra in un momento,
Scorrendo il suol, siccome suol baleno
Dell'aria estiva il limpido sereno.»

« E con sì destri, e ben composti moti
Radendo in prima il pian si avvolge ed erra,
Che non si sa qual piede in aria roti,
E qual fermo de'due tocchi la terra.
Fa suoi corsi, e suoi giri or pieni, or voti,
Quando l'orbe distorna, e quando il serra,
Con partimenti sì minuti, e spessi,
Che il Meandro non ha tanti reflessi.»

« Divide il tempo, e la misura eguale,
Ed osserva in ogni atto ordine e norma,
Secondo che ode il sonatore, e quale
O grave il suono, o concitato ei forma,
Tal col piede atteggiando o scende, o sale,
E va tarda, o veloce a stampar l'orma.
Fiamna ed onda somiglia, e turbo, e biscia,
Se poggia, o cala, o si rivolge, o striscia.»

« Fan bel concerto l'un e l'altro fianco
Per le parti di mezzo, e per l'estreme,

Moto il destro non fa che subit'anco
Non l'accompagni il suo compagno insieme.
Concordi i pié, mentre si vibra il manco,
L'altro ancor con la punta il terren preme.
Tempo non batte mai scarso, o soverchio,
Nè tira a caso mai linea, nè cerchio. »

« Tien ne'passaggi suoi modo diverso,
Come diverso è de'concerti il tuono.
Tanti ne fà per dritto, e per traverso,
Quante le pause, e le periodi sono.
E tutta pronta ad ubbidire al verso,
Che il cenno insegna del maestro suono,
Or si avanza, or si arretra, or smonta, or balza,
E sempre con ragion si abbassa ed alza. »

« Talor le fughe arresta, il corso posa,
Indi muta tenore in un istante,
E con geometria maravigliosa
Apre il compasso delle vaghe piante,
Onde viene a stampar sfera ingegnosa,
E rota a quella del pavon sembiante,
Tengono i pié la periferia e il centro,
Quel volteggia di fuor, questo sta dentro. »

« Sul sinistro sostiensi, e in forme nove
L'agil corpo sì ratto aggira intorno,

Che con fretta minor si volge e move
Il volubil paleo, l'agevol torno.
Con grazia poi non più veduta altrove
Fa gentilmente, onde partì, ritorno.
Si erge, e sospende, e ribalzando in alto
Rompe l'aria per mezzo, e trincia il salto.»

« Il capo inchina pria che in alto saglia,
E gamba, a gamba intreccia, ed incrocicchia,
Dalle braccia ajutato il corpo scaglia,
La persona ritira, e si rannicchia.
Poi spicca il lancio, e mentre l'aria taglia,
Due volte con l'un pié l'altro si picchia,
E fà battendo, e ribattendo entrambe
Sollevata dal pian, guizzar le gambe.»

« Poiché ella è giunta in su quanto più pote,
La vedi in giú diminuir cadente,
E nel cader sì lieve il suol percote,
Che scossa, o calpestìo non se ne sente.
E bel veder con che mirabil rote
Sullo spazio primier piombi repente,
Come più snella, alfin che strale, o lampo,
Discorra a salti, e cavriole il campo.»

Seconde partie.

THÉORIE

DE LA

DANSE THEATRALE.

« Que la danse toujours, ou gaie ou sérieuse,
Soit de nos sentimens l'image ingénieuse;
Que tous ses mouvemens du cœur soient les échos,
Ses gestes un langage, et ses pas des tableaux! »

DELILLE.

CHAPITRE I.

INSTRUCTIONS GÉNÉRALES AUX ÉLÈVES.

Jeunes gens, qui entreprenez la carrière de la danse, et qui désirez ardemment de voir couronner vos succès, livrez-vous aux soins d'un maître expérimenté dans son art.

On ne saurait trop prendre de précautions en faisant ce choix. Tous ceux qui enseignent la danse ne sont pas sortis d'une bonne école, et très-peu se sont distingués dans l'exécution de leur art.

Un simple théoricien ne suffit pas pour

l'exacte démonstration des principes de la danse. Des maîtres médiocres, au lieu d'augmenter le nombre des bons danseurs, ne font que des élèves comme eux; car tout dépend des premiers élémens : un mauvais pli une fois donné, il est presque impossible de l'effacer. J'ai vu, même parmi les bons maîtres, des professeurs possédés de la manie d'innover, se former diverses manières de démontrer et de faire exécuter, prétendant par là refondre les vrais principes de l'art, qu'ils ne faisaient que détruire.

Je ne puis vous donner de meilleur conseil, pour cet art, que celui que donnait un grand peintre à ses élèves : *Nulla dies sine linea*. Ne restez pas vingt-quatre heures seulement sans vous exercer; l'écolier qui interrompt ses études fréquemment, nuit beaucoup à ses progrès. Il faut se livrer avec transport à l'étude de l'art qu'on veut professer; il faut s'armer de courage et être constant au travail, sans cela on sera confondu dans la foule des danseurs vulgaires, et l'on manquera le but qu'on s'était proposé.

On ne deviendra jamais artiste sans le désir de l'être. Cependant un travail trop forcé est nuisible ; il énerve, et il peut être même préjudiciable à la santé. Soyez sobre; ne vous livrez à aucun autre exercice qu'à celui de la danse ; l'escrime, l'équitation, la course, etc., sont des exercices contraires au danseur. Ne vous abandonnez pas aux plaisirs ; pour être admis à la cour de Terpsichore, cette déesse exige qu'on se sacrifie entièrement à elle. Il est difficile de réussir dans notre art, il présente bien des obstacles à surmonter : annonceriez-vous dès l'âge le plus tendre, des formes aussi belles, aussi parfaites que celles de l'*Apollon* ou de l'*Antinoüs* (1), et joignissiez-vous à de si rares avantages les dispositions les plus heureuses, vous ne parviendrez qu'imparfaitement, sans un pénible travail, et sans une étude réfléchie sous la direction d'un bon maître.

« Non giova che tu sia bello e leggiadro:
Sotto quel bello son bruttezze ascose.»

Riccoboni.

Il faut travailler sans cesse et doubler l'exercice pour acquérir un vrai talent. Il faut encore étudier lors même qu'on sera tout à fait formé; et il importe de se maintenir souvent en équilibre; car sans cela on le perdrait.

Dans vos répétitions, dans la *leçon* (2), soignez également vos jambes, de sorte que l'une dans son exécution ne le cède point à l'autre. J'aime à les voir lutter d'égale force, et que toutes deux me prouvent qu'elles ont vaincu les grandes difficultés. Je compare le danseur qui ne danse que d'une seule jambe, à un peintre qui ne saurait dessiner ses figures que d'un seul côté.

Soignez la tenue du corps et le port des bras; il faut que leurs mouvemens soient doux, gracieux, et toujours d'accord avec les jambes. Il doit exister sans cesse une parfaite harmonie dans l'exécution entre toutes les parties du corps, et c'est cet ensemble charmant qui fera apprécier le mérite d'un véritable danseur.

Mettez tous vos soins à acquérir de l'aplomb et un parfait équilibre; attachez-vous à la correction et à la précision dans votre danse; que tous vos temps soient réglés d'après les meilleurs principes, et que l'exécution de vos pas soit toujours élégante et gracieuse.

Dessinez-vous avec goût, et naturellement, dans la moindre des poses. Il faut que le danseur puisse, à chaque instant, servir de modèle au peintre et au sculpteur. C'est peut-être le plus haut degré de perfection auquel doit atteindre l'artiste (3). Mettez de l'expression, de l'âme, de l'abandon dans vos attitudes, dans vos *arabesques* (4) et dans vos groupes.

« *Siano le attitudini degli uomini con le loro membra in tal modo disposte, che con quelle si dimostri l'intenzione del loro animo* » (5). Ces paroles du grand Léonard, doivent être gravées dans la mémoire du danseur et du mime, aussi bien que dans celle du peintre qu'a voulu instruire cet artiste sublime.

« Les gestes et les pas, d'un mutuel accord,
Peignent (*de l'âme*) la même ivresse et le
même transport. »

Dorat.

Observons, que le danseur qui aura été assez heureux pour joindre à l'étude de son art celle du dessin, sous un maître éclairé, qui l'initie à la connaissance du beau idéal, s'il est placé dans les mêmes circonstances que ses émules, acquerra toujours, à mérite égal en dons naturels et en avantages qu'il aura tirés d'une bonne école de danse, une grande supériorité sur eux.

Celui qui aura mis en usage ces conseils, sera en droit de plaire, possédera tout le charme de son art, qui consiste à intéresser le spectateur, en lui faisant éprouver de douces émotions, et en livrant son âme au plaisir et à la joie.

Soyez vigoureux, mais sans roideur; que votre entrechat soit croisé, et passé avec franchise et netteté. Travaillez pour acquérir une élévation facile; c'est une belle qualité chez le danseur, et qui lui est nécessaire pour l'exécution des temps de force et de vigueur.

Si vous vous procurez de la vivacité, elle donnera du brillant à vos pas, et vous enchanterez les yeux. Soyez léger le plus que vous pourrez; le spectateur veut trouver dans un danseur quelque chose d'aérien ; celui qui est pesant et lourd, ne produit qu'un mauvais effet. Etudiez le *ballon;* j'aime à voir parfois bondir dans un pas, et faire preuve d'agilité, de souplesse ; que je puisse croire que vous effleurez à peine la terre, que vous êtes prêt à vous envoler dans les airs.

Dans vos pirouettes observez l'équilibre le plus parfait, et soyez toujours bien placé en les commençant, en les tournant et en les terminant. Arrêtez-les avec àplomb et assurance; que le dessin de la position de votre corps, de vos bras, de vos jambes soit correct, et prononcé avec grâce. On ne saurait trop vous recommander de *filer* délicatement la pirouette sur la pointe, ce qui présente la plus agréable exécution, et en même-temps la plus parfaite ; car rien n'est plus rebutant à voir qu'un mauvais danseur qui *tournaille* tantôt sur la pointe et tantôt sur le talon, et qui sautille par secousses à chacun des tours de sa pirouette.

Il faut prouver, par de la facilité et de l'aisance dans l'exécution générale de votre danse, que vous avez vaincu les plus grandes difficultés de votre art, et que cet exercice vous est naturel : le comble de l'art est de cacher l'art.

Une fois possesseur de cette qualité, qui est le dernier degré de la perfection, vous réunirez tous les suffrages.

Voyez avec attention, examinez beaucoup, et avec maturité; écoutez tous les avis ; un mauvais danseur peut parfois avoir dans son exécution quelque chose de bon qui vous soit utile, et que vous ignoriez. Un figurant médiocre, et même un homme qui n'aura pas un goût parfait, pourront vous donner un conseil salutaire. Ce sera à vous ensuite à savoir en faire usage. Ne craignez pas de fatiguer votre maître par des demandes, par des questions; raisonnez librement avec lui sur votre art; dussiez-vous vous tromper, ne rougissez jamais de vos erreurs en le consultant, mais sachez profiter de ses conseils, et mettez-les aussitôt à exécution afin de les imprimer dans votre esprit.

Ne vous écartez jamais des vrais principes; soyez amant du beau, et gardez-vous de vous laisser entraîner par l'exemple de quelque mauvais danseur qui sera en possession de plaire à un public aveuglé par des tours de force, des gambades, et par de ridicules pirouettes. Le triomphe de ces sortes d'artistes ne sera pas de longue durée,

« . . . . Che non è assai
Piacere a sciocchi o a qualche donnicciuola. »
Riccoboni.

Le bon et le vrai doivent l'emporter à la fin.

Appliquez-vous à ne pas confondre le

genre ; il n'y a rien de plus mauvais goût qu'un danseur d'une taille majestueuse, et propre au genre *sérieux*, qui vient danser un ballet comique, un pas villageois : comme il n'est aussi rien de plus ridicule qu'un danseur d'une très-petite taille, d'une structure ramassée, qui a la prétention de s'affubler d'un habit héroïque, et qui cherche à se dessiner dans un *adagio*. Les anciens eux-mêmes nous ont donné l'exemple de cette sévérité par la délicatesse de leur goût. Le trait suivant en fournit la preuve. Un mime d'une petite taille, représentait à Antioche le rôle d'Hector ; le public s'écria : *Astyanatem videmus, ubi Hector est ?* Ce serait une chose plaisante que celle de voir un mime représentant l'un des plus illustres personnages de l'antiquité, avec les manières naïves et badines qui caractèrisent l'habitant des campagnes. Le danseur et le mime doivent consulter leur physique et leurs habitudes corporelles, pour se revêtir du costume des différens personnages qu'ils veulent représenter.

La confusion des genres n'est vraiment blâmable que parce que des artistes médiocres, voulant singer l'un des plus chers favoris de Terpsichore, ne font autre chose qu'anéantir et dégrader l'art de la danse. J'admets que celui qui a une stature moyenne, et qui possède les dispositions et les dons qui ont distingué quelques danseurs de la foule des artistes ordinaires, se livre à tous les genres; le travail et les bonnes leçons le feront parvenir; mais je tiens à ce que celui qui est doué d'une taille avantageuse adopte absolument la danse noble, et que celui qui n'a qu'une taille moyenne, se livre au demi-caractère, aux pas d'agilité et au genre pastoral. Il faut aussi que les danseurs, costumés à la grecque ou à la romaine, dansent différemment lorsqu'ils portent un habit moderne ou celui d'un villageois.

Les plus grands peintres, les poètes et les musiciens, se sont bien gardés de confondre le caractère et l'expression des divers personnages; ils se sont toujours attachés à la distinction des genres. En les imitant, faites preuve d'un bon goût, et vous serez alors des artistes.

Étudiez bien la composition des pas : cherchez la nouveauté dans les enchaînenemens, dans les figures, dans les attitudes et dans les groupes. « La variété est un des charmes de la nature; et vous ne pouvez plaire long-temps aux spectateurs, qu'en variant vos compositions. » *Dauberval.*

Les enchaînemens sont innombrables. Chaque danseur a sa manière particulière d'allier et de varier ses temps et ses pas. Chaque danseur doit avoir son style. Soyez original, si vous aspirez un jour à être quelque chose; sans cela, craignez de n'être jamais rien.

« Il en est de la danse comme de la musique, et des danseurs comme des musiciens; notre art n'est pas plus riche en pas fondamentaux que la musique l'est en notes; mais nous avons des octaves, des rondes, des blanches, des noires, des croches, des temps à compter et une mesure à suivre; ce mélange d'un petit nombre de pas et d'une petite quantité de notes, offre une multitude d'enchaînemens et de traits variés; le goût et le génie trouvent toujours une source de nouveautés en arrangeant et en retournant cette petite portion de notes, et des pas de mille sens et de mille manières différentes; ce sont donc ces pas lents et soutenus, ces pas vifs, précipités, et ces temps plus ou moins ouverts, qui forment cette diversité continuelle. » (6)

En composant, en réglant, soyez peintre; que tout dans votre tableau soit en harmonie, et que les effets principaux aient une vive expression qu'accompagne une grâce séduisante. La musique doit être sans cesse d'accord avec votre danse; c'est cet ensemble charmant qui entraîne tous les cœurs. Ce charme qui naît de l'harmonie des mouvemens de la musique et des mouvemens du danseur, enchaîne ceux même qui ont l'oreille la plus ingrate et la moins susceptible de l'impression de la musique.

« La musique d'un *pas* ou d'un ballet doit avoir plus de cadence et d'accent que la musique vocale, parce qu'elle est chargée de signifier plus de choses; que c'est à elle seule d'inspirer au danseur, au mime, la chaleur et l'expression que le chanteur peut tirer des paroles, et qu'il faut de plus qu'elle supplée dans le langage de l'ame et des expressions tout ce que la danse ne peut dire aux yeux du spectateur. »

(*J.-J. Rousseau, Dict. de mus.*)

La pantomime exprime beaucoup, sans doute; mais sans l'accent et le sentiment des sons mélodieux de la musique, elle ne peut nous toucher et nous émouvoir entièrement.

Je terminerai mes instructions par recommander aux jeunes élèves l'étude indispensable du dessin et de la musique; rien ne sera plus utile à leur art. Dessinateurs, ils y gagneront des manières gracieuses et élégantes de se poser, de se développer avec aisance : musiciens, ils auront un tact plus sûr qu'un autre; leur oreille les rendra maîtres du mouvement, de la mesure, et leurs pas cadencés (7) se marieront parfaitement au rythme de l'*air* (8). Ils trouveront aussi plus de facilité s'ils veulent composer, et leurs compositions ne manqueront pas d'être plus correctes.

CHAPITRE II.

ÉTUDE DES JAMBES.

L'étude principale qu'exigent les jambes, est celle de parvenir à les tourner entièrement. Tâchez d'acquérir de la facilité dans les hanches, pour que le mouvement des cuisses soit libre, et pour que les genoux se placent en dehors; les développés seront faits alors avec aisance et grâce. Un exercice continuel et raisonné vous y fera parvenir.

Un danseur qui *n'est pas en dehors* dans toutes ces parties, et qui est serré des hanches, n'est pas beaucoup estimé, et l'exécution de sa danse perd de son prix.

Il y a des jeunes gens qui sont disposés naturellement en *dehors;* qui ont les hanches ouvertes, les genoux et les pieds tournés en dehors; ces principales qualités facilitent l'étude du danseur, et il réussira avec beaucoup d'avantage; mais celui *qui est naturellement en dedans*, malgré le travail le plus opiniâtre, échouera dans son entreprise. Ses pieds peuvent encore se tourner, et les pointes se baisser à moitié, mais les hanches et les genoux resteront toujours dans leur état primitif.

Pour éviter ces grands inconvéniens à ceux qui désirent devenir des danseurs, on ne saurait trop examiner leur structure et leurs formes, avant de les destiner à l'art de la danse, dans lequel on ne peut réussir sans les dons de la nature.

Rien n'est plus agréable à voir qu'un danseur qui possède les belles qualités dont j'ai parlé, et qui vous montre sans cesse un pied bien attaché, dont les pointes sont fermes et basses.

Dans votre étude soignez les coude-pieds; gardez-vous de les lâcher, ce serait un grand défaut, ainsi que d'avoir les pointes hautes ou inégales; mettez de la souplesse, de la grâce dans leurs mouvemens, et fortifiez-les pour les temps de vivacité, de vigueur et d'élévation.

MOUVEMENS DES JAMBES.

Le *mouvement du coude-pied* est celui qui consiste dans l'élévation et l'abaissement de la pointe du pied. De tous les *mouvemens*, c'est le plus nécessaire, parce qu'il soutient le corps entier dans son équilibre. Si vous sautez, le coude-pied, par sa force, vous relève avec vivacité, et vous fait tomber sur les pointes.

Le *mouvement* du genou ne diffère du coude-pied qu'en ce qu'il n'est parfait qu'autant que la jambe est étendue et la pointe basse. Il est inséparable du *mouvement* du coude-pied.

Le *mouvement* de la hanche est un *mouvement* qui conduit celui du coude-pied et du genou. Il est impossible que les genoux et les pieds se meuvent, si les hanches ne se tournent pas les premières. Il y a des pas où la hanche seule agit, comme dans les entrechats et les battemens tendus, etc.

Des danseurs qui n'ont pas une élévation naturelle, ou qui sont faibles des jarrets, doivent avoir recours aux coude-pieds; ils pourront en obtenir quelque avantage compensateur; mais cela demande un grand travail, qui ne doit jamais être interrompu par un jour de relâche: ils parviendront aussi à acquérir de la vigueur, et plus encore de la vivacité. Attachez-vous sur-tout à gagner de l'aplomb, et soyez inébranlable dans l'exécution générale de votre danse. Les développés des jambes doivent être faciles, moelleux et faits avec élégance.

« Quantité de danseurs s'imaginent qu'il n'est question que de plier le genou très-bas, pour être *liant* et *moelleux ;* mais ils se trompent à coup sûr ; car la flexion trop outrée donne de la sécheresse à la danse. On peut être très-doux et *saccader* tous les mouvemens, en pliant bas comme en ne pliant pas. La raison en est simple, naturelle et évidente, lorsque l'on considère que les temps et les mouvemens du danseur sont exactement subordonnés aux temps et aux mouvemens de la musique. En partant de ce principe, il n'est pas douteux que, fléchissant les genoux plus bas qu'il ne faut, relativement à l'air sur lequel on danse, la mesure alors traîne, languit et se perd. Pour regagner le temps que la flexion lente et outrée a fait perdre, et pour le rattraper, il faut que l'extension soit prompte; et c'est ce passage subit et soudain de la flexion à l'extension, qui donne à l'exécution une sécheresse et une dureté tout aussi choquantes et aussi désagréables, que celles qui résultent de la roideur.

« Le moelleux dépend en partie de la flexion proportionnée des genoux; mais ce mouvement n'est pas suffisant : il faut encore que les coude-pieds fassent ressort, et que les reins servent, pour ainsi dire, de contrepoids à la machine pour que ces ressorts baissent et haussent avec douceur, et qu'ils accompagnent et soient en harmonie avec le contour. »

Il faut que les mouvemens des jambes s'opèrent toujours suivant les règles, et que leur dessin gracieux soit sans cesse en harmonie avec la position du corps et des bras.

Si le danseur est long de buste, il doit s'appliquer à lever les jambes plus haut qu'à l'ordinaire; par ce moyen il fera disparaître le défaut qui existe dans la longueur de sa construction ; et s'il est court de buste, il doit sans cesse maintenir ses jambes au-dessous de la hauteur que prescrit la règle commune.

Dans les pas, dans les temps de vigueur, mettez de la force et de l'énergie; mais prenez garde que ces qualités ne dégénèrent en défauts, c'est-à-dire par de la roideur, et par une pénible et désagréable tension de nerfs.

Le sujet qui est *arqué* doit s'exercer continuellement à tendre les genoux, et à leur donner du moelleux et de la souplesse, pour faire disparaître la roideur qui lui sera naturelle; cependant un tel danseur ne réussira jamais complètement dans la danse noble; il faut alors qu'il s'adonne au demi-caractère, et peut-être ferait-il beaucoup mieux d'embrasser le genre villageois, et de s'étudier dans les pas caractéristiques.

Le danseur *jarreté* doit s'appliquer toujours à ployer un peu ses genoux, et à ne jamais les maintenir tendus; sur-tout dans les temps de vigueur et dans l'entrechat (à la fin des développemens, des pas, des attitudes ou des poses, cette règle veut des exceptions). La construction du *jarreté* est la plus agréable, et est assez convenable au genre sérieux et au demi-caractère. Un danseur *jarreté* sera en général beaucoup plus adroit que le danseur *arqué*; il aura plus d'aisance, plus de grâce dans l'exécution; ses mouvemens seront faciles et délicats; mais il n'aura pas toute cette force qui dégénère parfois en roideur, et que l'on trouve presque toujours chez le second. Comme cet artiste n'aura pas aussi une grande vigueur, il sera obligé alors, comme je l'ai déjà dit, de recourir aux moyens qu'offrent les coude-pieds; quoique son entrechat ne soit pas aussi brillant, il sera plus correct et plus gracieux. (Voyez chap. 6, entrechat.) Ce danseur pourra même prétendre à parvenir dans tous les genres qu'il adoptera, pourvu que la hauteur de sa stature ne s'y oppose pas.

« Un homme est *jarrcté*, lorsque ses hanches sont étroites, et en dedans, ses cuisses rapprochées l'une de l'autre, ses genoux gros et si serrés qu'ils se touchent et se collent étroitement, quoique ses pieds soient distans l'un de l'autre, ce qui forme à peu près la figure d'un triangle, depuis les genoux jusqu'aux pieds; on observera encore un volume énorme dans les chevilles intérieures, une forte élévation dans le coude-pied, et le *tendon d'Achille* est en lui non-seulement grêle et mince, mais il est même fort éloigné de l'articulation. (Voyez fig. 15.)

Le danseur *arqué* est celui en qui on remarque le défaut contraire. Ce défaut règne également depuis la hanche jusqu'aux pieds; car ces parties décrivent une ligne qui donne en quelque sorte la figure d'un arc; en effet, les hanches sont évasées, et les cuisses et les genoux sont ouverts, de manière que le jour qui doit se rencontrer naturellement entre quelques-unes de ces parties des extrémités inférieures lorsqu'elles sont jointes, perce dans la totalité, et paraît beaucoup plus considérable qu'il ne devrait l'être. Les personnes ainsi construites ont d'ailleurs le pied long et plat, la cheville extérieure saillante, et le *tendon d'Achille* gros et rapproché de l'articulation. (Voyez fig. 14.)

Ces deux défauts diamétralement opposés l'un à l'autre, prouvent évidemment que les leçons qui conviennent au premier, seraient nuisibles au second, et que l'étude de deux danseurs, aussi différens par la taille et par la forme, ne peut être la même. Celui qui est *jarreté* doit s'appliquer continuellement à éloigner les parties trop resserrées; le premier moyen pour y réussir, est de tourner les cuisses en dehors, et de les mouvoir, dans ce sens, en profitant de la liberté du mouvement de rotation du *fémur* dans la cavité *cotyloïde* des os des hanches. Aidé par cet exercice, les genoux suivront la même direction, et rentreront, pour ainsi dire, dans leur place. La *rotule* qui semble destinée à limiter le rejet du genou trop en arrière de l'articulation, tombera perpendiculairement sur la pointe du pied; et la cuisse et la jambe, ne sortant plus de la ligne, en décriront alors une droite qui assurera la fermeté et la stabilité du tronc.

Le second remède à employer, est de conserver une flexion continuelle dans l'articulation des genoux, et de paraître extrêmement tendu sans l'être en effet; c'est là l'ouvrage du temps et de l'habitude; lorsqu'elle est fortement contractée, il est comme impossible de reprendre sa position naturelle et vicieuse, sans des efforts qui causent dans ces parties un engourdissement et une douleur insupportables.

Ceux qui sont *arqués*, ne doivent s'attacher qu'à rapprocher les parties trop distantes, pour diminuer le vide qui se rencontre principalement entre les genoux; ils n'ont pas moins besoin que les autres de l'exercice qui meut les cuisses en dehors, et il leur est même moins facile de déguiser leurs défauts. Communément ils sont forts et vigoureux; ils ont, par conséquent, moins de souplesse dans les muscles, et leurs articulations jouent avec moins d'aisance. On comprend, au surplus, que si ce vice de conformation provenait de la difformité des os, tout ce travail serait inutile, et les efforts de l'ar impuissans. J'ai dit que les danseurs *jar-*

retés doivent conserver une petite flexion dans l'exécution ; ceux-ci, par la raison contraire, doivent être exactement tendus, et croiser leurs temps bien plus étroitement, afin que la réunion des parties puisse diminuer le jour ou l'intervalle qui les sépare naturellement. »

Simple position des jambes, fig. 1.

PREMIÈRES POSITIONS DE LA DANSE.

Première position, fig. 1.
Seconde position, fig. 2.
Seconde position sur les pointes, fig. 8.
Troisième position, fig. 3.
Quatrième position (vue de profil), fig. 6.
Cinquième position, fig. 4.
Cinquième position sur les pointes, fig. 5.

N. B. A la seconde position, la distance qui existe d'un talon à l'autre n'est que de la longueur du pied. A la troisième position, les pieds ne doivent être croisés qu'à moitié.

Ployé à la première position, fig. 9.

N. B. On a omis, pour ne pas multiplier les planches, les positions sur les pointes, de la première, de la troisième et de la quatrième; ainsi que les ployés des quatre autres premières positions de la danse, ces positions sont très-faciles, et l'on peut, sans les figures, en concevoir et en produire l'effet.

Manière de se tenir en s'exerçant, fig. 10.

Construction physique du jarreté, fig. 15.

Construction physique de l'arqué, fig. 14.

N. B. Le dessinateur a un peu exagéré les contours de ces figures, pour faire mieux sentir à l'élève les défauts de ces constructions.

Danseur à la seconde en l'air, et sur le talon, fig. 10.

Danseur à la seconde en l'air, et sur les pointes, fig. 25.

Danseur à la seconde en l'air, en avant (vu de profil), fig. 16.

Danseur à la quatrième en l'air, en avant, sur les pointes (vu de face), fig. 17.

Danseur à la quatrième, en l'air, derrière (vu de profil), fig. 18.

Positions des jambes dans les poses, et dans différentes attitudes, fig. 20 à 40.

Positions des jambes dans les arabesques, fig. 41 à 53.

N. B. Dans les arabesques, et dans diverses attitudes, les pieds ne doivent pas être entièrement tournés; sans cela ces positions n'auraient point de grâce.

CHAPITRE III.

ÉTUDE DU CORPS.

Il faut que le corps soit toujours droit et d'aplomb sur les jambes, excepté dans quelques attitudes, principalement dans les *arabesques*, où il faut le pencher, le jeter en avant ou en arrière, selon la position; cependant il faut qu'il se trouve sans cesse assis sur les hanches, en équilibre sur ses pivots. Faites ressortir la poitrine, rentrez le plus que vous pourrez la ceinture, cambrez-vous un peu et raffermissez les reins. « On ne peut être excellent danseur, sans être ferme sur ses reins, eût on même toutes les qualités essentielles à la perfection de cet art. Cette force est, sans contredit, un don de la nature. N'est-elle pas cultivée par les soins d'un maître habile? Elle cesse dès-lors d'être utile. Nous voyons journellement des danseurs fort vigoureux, qui n'ont ni *aplomb*, ni fermeté, et dont l'exécution est *déhanchée*. Nous en recontrons d'autres, au contraire, qui n'étant point nés avec cette force, sont, pour ainsi dire, assis solidement sur leurs hanches, qui ont la ceinture assurée et les reins fermes. L'art chez eux a suppléé à la nature, parce qu'ils ont eu le bonheur de rencontrer d'excellens maîtres, qui leur ont démontré que lorsqu'on *abandonne les reins*, il est impossible de se soutenir dans une ligne droite et perpendiculaire; que l'on se dessine de mauvais goût, que la vacillation et l'instabilité de cette partie s'opposent à l'*aplomb* et à la fermeté, qu'ils impriment un défaut désagréable dans la ceinture; que l'affaissement du corps ôte aux parties inférieures la liberté dont elles ont besoin pour se mouvoir avec aisance; que le corps dans cette situation est comme indéterminé dans sa position; qu'il entraîne souvent les jambes; qu'il perd à chaque instant le centre de gravité, et qu'il ne retrouve enfin son équilibre qu'après des efforts et des contorsions, qui ne peuvent s'associer aux mouvemens gracieux de la danse. »

Il faut que les épaules soient basses, que la tête soit élevée, et que le regard soit aimable.

Le danseur, pour se rendre agréable à l'œil du spectateur, doit toujours, sans affectation maniérée cependant, se complaire lui-même dans son maintien, dans la tournure de son corps, dans l'heureux développement de ses membres, et dans l'élégance de ses positions; on lui saura gré du soin qu'il prendra à faire briller en lui tous ces avantages.

Un *beau haut* du corps est une des parties essentielles qui constituent le mérite de l'artiste. Effacez votre buste (9) avec élégance, donnez-lui, dans ses oppositions et dans ses mouvemens, de la grâce, de la souplesse, de l'abandon, sans jamais lui faire perdre la beauté de sa pose, en conservant rigoureusement la pureté du dessin. Les épaules, la tête et le buste, doivent être soutenus, et ornés par les mouvemens des bras, et ils doivent les suivre avec grâce, pour que tout l'ensemble présente une agréable harmonie. Les mouvemens des jambes, comme l'apprend le chapitre précédent, doivent nécessairement participer de cet ensemble harmonieux. Dans l'exécution des pas, il faut que le corps soit tranquille, inébranlable, ferme, sans roideur, mais flexible suivant tous les mouvemens des jambes et des bras. Celui, qui pendant sa danse, ferait mouvoir le corps par secousses, qui hausserait ses épaules par le contre-coup des jambes, qui plierait ou lâcherait les reins, pour faciliter l'exécution des temps, et qui, par les grimaces de sa figure, nous démontrerait toute la peine que lui coûte son travail, serait un objet absolument ridicule; le nom de grotesque lui siérait mieux que celui de danseur.

J'ai été souvent témoin de ce désordre, et il doit être attribué à la négligence des maîtres, qui livrent trop tôt leurs écoliers à eux-mêmes, et qui s'empressent de les voir se montrer sur le théâtre, avant d'avoir accompli leurs études.

Quelquefois aussi le public, par de trop complaisans applaudissemens, ou par défaut de connaissances et de goût, augmente la tourbe de cette espèce de sauteurs, qui se persuade avoir atteint le but de l'art, parce

« Que le vulgaire s'extasie
Aux tours de force, aux entrechats !..... »

L'Hospital.

On devrait bannir de la scène ces méchans danseurs, qui n'ont d'autre talent que celui d'entretenir le mauvais goût.

Simple position du corps, fig. 1.

Épaulement, opposition du corps, fig. 3 et 4.

Positions du corps dans les poses, et dans les différentes attitudes, fig. 20 à 40.

Positions du corps dans les arabesques, fig. 41 à 53.

N. B. Dans les arabesques, le corps s'éloigne de la perpendiculaire, et doit se pencher avec un agréable abandon.

CHAPITRE IV.

ÉTUDE DES BRAS.

La position, les oppositions, et sur-tout les mouvemens ou le port des bras, sont, peut-être, les parties les plus difficiles de la danse, celles qui demandent un grand travail et un soin extrême.

« De tous les mouvemens qui se font en dansant, c'est l'opposition ou contraste du bras au pied, qui nous est la plus naturelle, et à laquelle on fait le moins d'attention. Par exemple, regardez marcher différentes personnes, vous verrez que, lorsqu'elles portent le pied droit en avant, ce sera le bras gauche qui s'opposera naturellement; ce qui me paraît être une règle certaine. C'est suivant cette même règle que les habiles danseurs ont conduit leurs bras; l'opposition du bras au pied, qui est que, lorsque vous avez le pied droit devant, c'est le bras gauche qui doit être opposé. »

Il nous semble que l'explication de l'opposition, donnée par Noverre, dont nous nous faisons ici une juste autorité, ne présente pas toute la clarté que ce sujet exige. Aussi l'avons-nous vue toujours être elle-même un objet de controverse parmi les artistes.

Essayons de la rendre moins obscure. L'opposition d'une partie d'un corps solide quelconque, qui se meut, à une autre partie, est une loi d'équilibre qui divise les forces gravitantes. C'est ce que nous dit Noverre dans l'exemple qu'il apporte de la marche de l'homme : ainsi, quand il ajoute que l'*opposition* est, lorsque l'homme ou le danseur a le pied droit devant, c'est-à-dire qu'il le porte en avant, il veut indiquer que le bras gauche doit, pour balancer la déclinaison de la ligne du centre de gravité, se porter en même temps en avant; ce qui donne de plus au danseur infiniment de grâce, parce qu'il doit toujours éviter l'uniformité des lignes, comme la peinture le recommande à ses élèves. (Voyez exemp. d'oppos., fig. 3, fig. 19; les figures 33, 34, 35 et 36.)

MOUVEMENS DES BRAS.

Le mouvement du poignet se prend de deux manières, savoir : du haut en bas, et du bas en haut. Lorsque vous voulez prendre du haut en bas, il faut laisser plier le poignet en dedans, faisant un rond de la main, qui de ce même mouvement se remet dans la première situation où elle était : mais il faut prendre garde de ne point trop plier le poignet, car il paraîtrait cassé. Quant au second mouvement, qui se prend du bas en haut, il faut plier le poignet en l'arrondissant, puis laisser retourner la main en haut, faisant un demi-tour, et, par ce mouvement, la main se trouve à la première position des bras.

Le coude, comme le poignet, a son mouvement de haut en bas, et de bas en haut, avec cette différence, que lorsque vous pliez les coudes, les poignets les accompagnent; ce qui empèche que les *bras* ne soient roides, et ce qui leur donne beaucoup de grâce. Néanmoins il ne faut pas tant plier le poignet, parce qu'il paraîtrait outré, et il en est de même des jambes, quand vous pliez le genou; c'est le coude-pied qui achève le mouvement, en relevant le pas, et il en est de même du coude avec le poignet.

Ainsi, pour les mouvoir du haut en bas, les bras étant placés, il faut plier le coude et le poignet : et lorsque les bras sont pliés, vous achevez de les étendre. Ensuite ils se remettent dans la situation où ils étaient. Lorsque vous prenez un mouvement des poignets, ils doivent se plier et s'étendre de même que lorsqu'ils se plient avec les coudes.

Quant au second mouvement qui se prend de bas en haut, les mains se trouvant en dessous, il faut plier les poignets et les coudes, en faisant seulement un cercle, et en observant que les deux bras doivent se plier également l'un contre l'autre, et revenir à leur première attitude.

Le danseur qui placera bien ses bras, et qui les fera mouvoir gracieusement, selon toutes les règles de l'art, décélera une bonne école, et l'exécution de sa danse sera accomplie. Très-peu de danseurs se sont distingués par la manière de faire agir les bras. Cela provient de la médiocrité des principes qu'ils ont reçus, ou de leur négligence, parce qu'ils croient qu'en ayant une brillante exécution des jambes, ils peuvent se passer du bel ornement des bras, et s'exempter les difficultés de l'étude qu'ils exigent. Ces artistes se trompent; ils seront justement appréciés, et ne serviront qu'à grossir la foule des danseurs imparfaits. Il ne s'agit pas seulement de danser avec les jambes; il faut aussi danser avec les bras et avec le corps.

« Les bras qui accompagnent bien le corps en dansant, font comme la bordure fait à un tableau : car si elle n'est faite de façon qu'elle puisse convenir au tableau, quelque beau qu'il soit, il n'est pas si apparent : qu'ainsi, quelque bien qu'un danseur fasse les pas, s'il n'a pas les bras doux et gracieux, sa danse ne paraîtra pas animée, et par conséquent fera le même effet que le tableau hors de sa bordure. »

Si la nature ne vous a point favorisés en vous donnant de beaux bras arrondis et bien faits, vous ne sauriez alors trop vous livrer à l'étude, pour la forcer de suppléer à ses dons; et par un exercice réfléchi vous pourrez parvenir à donner de l'élégance, de la grâce à des bras maigres, et vous ferez même disparaître leur longueur, en sachant les arrondir avec art.

Il faut aussi savoir placer ses bras selon son physique. Si le danseur a la taille courte, il doit porter en général ses bras plus haut que ne l'indiquent les règles reçues; et, s'il a la taille longue, ils doivent être placés plus bas qu'à l'ordinaire.

Un bon danseur doit tout entreprendre pour corriger, ou pour cacher les défauts de sa construction; c'est un des talens que doit posséder celui qui veut mériter d'être rangé parmi les artistes. Il faut que les bras soient sans cesse arrondis tellement, que la pointe des coudes soit invisible; sans cela, ils formeraient des angles, qui leur enleveraient la grace et le contour moelleux qu'ils doivent toujours présenter; au lieu des lignes droites, obliques ou courbées en demi-cercle (Voyez les figures 1, 4 et 5), nous n'en verrions que d'angulaires et dépourvues d'élégance. (Voyez les figures 11, 12 et 13.)

Le danseur qui serait placé de cette manière, répugnerait au bon goût; et ses positions, ses attitudes, devenues grotesques et caricatures, seraient un objet de ridicule pour le dessinateur. La *saignée*(10) doit être au niveau du creux de la main. Soutenez les poignets, et ne les pliez pas trop, car ils paraîtraient cassés : l'épaule doit être basse et toujours immobile; les coudes soutenus, et les doigts seront gracieusement réunis et groupés. Il faut que la position et le port des bras se montrent avec aisance et avec douceur. Bannissez-en la roideur, et ne les abandonnez jamais à des mouvemens exagérés. Ne les faites point mouvoir par secousses, ni par saccades, ce serait un grand défaut qui dégraderait l'artiste le plus parfait dans l'exercice de ses jambes.

Simple position des bras, fig. 1.

Position du poignet et des doigts, fig. 1.

Bras à la seconde, fig. 1.

Bras en opposition, fig. 4.

Bras arrondis au-dessus de la tête, fig. 5.

Demi-bras, fig. 7.

Oppositions des demi-bras, fig. 3.

Position des bras dans les différentes attitudes, fig. 20 à 40.

Position des bras dans les arabesques, fig. 41 à 52.

N.-B. On doit remarquer que dans les arabesques la position des bras s'écarte de la règle commune, et c'est au goût du danseur à savoir les placer le plus gracieusement possible.

Position de la main dans différentes attitudes et dans les arabesques ; fig. 24.

Positions défectueuses des bras, fig. 11, 12 et 13.

CHAPITRE V.

POSITIONS PRINCIPALES ET LEURS DÉRIVÉS; PRÉPARATIONS, TERMINAISONS DES PAS ET DES TEMPS; POSES, ATTITUDES, ARABESQUES, GROUPES, ATTITUDES DE CE GENRE.

Il faut, jusque dans la moindre des poses, épauler le corps, et sur-tout la tête (V. fig. 20 et les suiv.); car sans cela vous n'auriez aucune expression, et votre position ou attitude deviendrait fade. Dans quelques-unes des premières positions de la danse, la tête est placée en face; ce sont des poses d'attitudes.

MOTI DELLA TESTA.

» Non farai mai la testa dritta sopra le spalle, ma voltata in traverso, a destra o a sinistra, ancorchè elle guardino in su o in giù, o dritto, perchè gli è necessario fare il lor moti che mostrino vivacità desta e non addormentata. »

Appliquez-vous à donner un parfait équilibre au corps; et pour arriver à ce point certain, ne vous écartez pas de la perpendiculaire, qui doit prendre du centre des deux clavicules, et qui s'abaisserait, en traversant les chevilles des deux pieds. (Voyez les fig. 4, 5, 10, 16, 20, 21, 22, 23, et la fig. 32.

DELL'ATTITUDINE.

« La fontanella della gola cade sopra il piede, e gittendo un braccio innanzi, la fontanella esce di essi piedi; e se la gamba indietro, la fontanella va innanzi, e casi si rimuta in ogni attitudine. »

Il faut que le danseur, tout en se plaçant gracieusement, s'attache, pour avoir de l'aplomb, à former un juste contre-poids des autres parties du corps pour se soutenir sur une seule jambe, et même pour être bien posé sur les deux. (Voyez les fig. 33, 34, 35, 36, et les fig. 41 à 52 etc.).

DELLA PONDERAZIONE DELL'UOMO SOPRA I SUOI PIEDI.

« Sempre il pesodell' uomo che posa sopra una sola gamba, sera diviso con egual parte opposita sopra il centro della gravità che sottiene. » (Voyez la figure 41). Le centre de gravité de l'homme qui agit, doit exister sur la jambe qui est à terre (Voyez la figure 33, etc.). » L'uomo che si muove avrà il centro della sua gravità sopra il centro della gamba che posa in terra. »

DELL'EQUIPONDERANZA (contre-poids).

« Sempre la figura che sostiene il peso fuor di se e della linea centrale della sua quantità, debbe gettar tanto peso naturale o accidentale dell'opposita parte, che faccia equiponderanza de'pesi interno alla linea centrale che si parte dal centro della parte del piè che si posa, e passa per tutta la soma del peso sopra essa parte de'piedi in terra posata. » (Voyez la figure 34, etc.).

Dans les attitudes qui se font à l'instant où le danseur s'élève, ainsi que dans de certains arabesques penchés comme l'offre la figure 47, on ne doit pas observer le centre de gravité qui existe dans les figures 1 à 19 etc. (Voyez pour cette remarque la figure 37 et la figure 41.)

DELLA FIGURA CHE VA CONTRO'L VENTO.

« Sempre la figura che si muove contro'l vento per qualunque linea, non osserva il centro della sua gravità con debita disposizione sopra il centro del suo sostentacolo. » (Voyez fig. 55, 57 et la fig. 56 dirigée du côté opposé.)

Voyez aussi les fig. 58, 59, 60 et la fig. 61, qui représentent le groupe principal d'une Bacchanale que je composai la première année que je fus engagé au théâtre de la *Scala* à Milan, théâtre fameux par la magnificence de ses spectacles, et par les grands talens qui s'y font admirer. La position, que les danseurs appèlent particulièrement l'*attitude*, est la plus belle de celles qui existent dans la danse, et la plus difficile dans son exécution; elle est, à mon avis, une espèce d'imitation de celle que l'on admire dans le célèbre *Mercure* de J. Bologne. (Voyez la figure 33, et la figure 34 de la même planche, qui sert à nous la montrer de profil. Voyez en même tems la figure 37, représentant la statue de Mercure.)

Le danseur qui se composera bien dans l'attitude sera remarqué, et prouvera qu'il a acquis les connaissances nécessaires à son art. Rien n'est plus gracieux que ces attitudes charmantes que nous nommons *arabesques ;* les bas-reliefs antiques, quelques fragmens de peintures grecques, ainsi que celles *à fresque* des loges du Vatican, d'après les délicieux dessins de Raphaël, nous en ont fourni l'idée.

Arabica ornamenta, terme de peinture : ce sont ces ornemens composés de plantes, d'arbustes, de plantes légères et de fleurs, dont l'artiste forme des tableaux, et décore des compartimens, des frises ou des panneaux. Terme d'architecture : rinceaux d'où sortent des feuillages de caprice. On croit que ce goût a été apporté par les Maures ou Arabes, d'où ce genre d'ornement a pris son nom.

Nos maîtres d'école de danse auront aussi introduit dans l'art cette expression, à raison des tableaux ressemblans aux arabesques de la peinture, par les groupes qu'ils ont formés de danseurs et de danseuses, s'entrelaçant de mille manières, avec des guirlandes, des couronnes, des cerceaux ornés de fleurs, et mélangés quelquefois d'instrumens antiques propres à la pastorale; et ces attitudes qui rappèlent les belles Bacchantes que l'on voit sur les bas-reliefs antiques, par leur légèreté presque aérienne, à laquelle se réunit en même tems la vigueur et le contraste des oppositions, ont en quelque sorte rendu naturel à notre art le mot *arabesque*. Je puis me flatter d'avoir été le premier à donner raison de cette expression, qui sans cela, placée dans notre bouche, pourrait apprêter à rire aux peintres, à qui elle avait appartenu toute entière.

Les artistes doivent aussi apprendre à se dessiner d'après ces sculptures et ces peintures, remplies d'esprit et de grâces; c'est à cette source qu'il faut toujours recourir pour former son goût à l'élégance et à la pureté du dessin. Dans la Bacchanale, dont j'ai parlé ci-dessus, j'introduisis avec succès, pour donner à mes tableaux plus de caractère, et pour la rendre plus vraie et plus piquante, des attitudes, des arabesques et des groupes que m'offrirent les peintures, les bronzes et les marbres qui nous sont parvenus des fouilles d'Herculanum. (Voyez la figure 61, groupe principal de la Bacchanale.) Ces précieux monumens de l'antiquité, qui honorent le pinceau et le ciseau grec, doivent servir de modèles et d'études au peintre, au sculpteur, et peuvent aussi être très-utiles à l'art du danseur.

Poses, préparations et terminaisons des pas et des temps, figures 19, 20, 21, 22 et 23.

N. B. On peut aussi terminer des pas et des enchaînemens en attitudes et en arabesques.

Attitudes différentes, fig. 25 à 32.

L'attitude, fig. 33.

L'attitude vue de profil, fig. 34.

Manières diverses de se poser en attitude, fig. 35 et 36.

Dérivés de l'attitude, fig. 38 et 39.

Attitude, exemple, Mercure de J. Bologne, fig. 37.

Arabesques, fig. 41 à 52.

Arabesques sur les deux pieds, fig. 32.

Arabesques à dos tourné, fig. 47 et 48, et fig. 32.

Groupes, attitudes de genre, fig. 58, 59, 60 et 61.

On a omis, par les motifs déjà exprimés, les attitudes et certains arabesques posés à pied plat, ainsi que les mêmes arabesques sur les deux pieds, qui ne se font qu'en posant à terre la jambe, qui est en l'air, comme le représente la figure 32, qui dérive de l'arabesque, figure 48.

On peut aussi multiplier à l'infini les poses, les attitudes et les arabesques; car un petit épaulement de corps, des oppositions de bras, ou de simples mouvemens de jambes, où le tout ensemble est heureusement combiné, doivent en produire un très-grand nombre. L'exécution gracieuse appartient toute au goût de l'artiste, et c'est à lui à en savoir faire un bon usage, et à bien les approprier au genre et au caractère de sa danse. Ces attitudes modifiées sont très en usage dans les enchaînemens des groupes, figures 58, 59, 60 et 61.

CHAPITRE VI.

DES TEMPS, DES PAS, DES ENCHAINEMENS ET DE L'ENTRECHAT.

Il faut que les mouvemens des grands temps soient larges, moelleux, et faits avec majesté; et qu'en les exécutant, le danseur montre une grande précision, de la fermeté et de l'aplomb en les terminant. Dans les temps terre-à-terre, vous ne sauriez assez faire jouer le ressort des coude-pieds, pour en rendre l'exécution plus agréable et plus gracieuse, et renforcer et baisser les pointes pour la rendre vive et brillante.

L'artiste doit s'attacher à nuancer ses pas le plus qu'il lui sera possible, et il faut que son exécution correcte en marque la diversité ; c'est-à-dire, que dans les pas d'aplomb et d'attitude il montre de la souplesse, et se dessine scrupuleusement dans toutes les règles de l'art ; il faut que dans les pas d'élévations il déploie sans cesse une mâle vigueur, et que ses pas terre-à-terre viennent faire opposition à ces derniers, par l'agilité qu'il aura dans les jambes. Mais qu'il se rappelle que le choix des pas doit toujours être propre au genre qu'il a adopté, et convenable à sa construction physique.

Dans les enchaînemens, c'est la variété et la nouveauté qu'on doit rechercher ; il faut que l'artiste en étudie soigneusement la composition, et que son goût lui indique l'art d'être agréable. Ne mettez jamais dans un enchaînement de grands temps, des pas de force ou d'une élévation exagérée ; évitez de ralentir et de refroidir, par des poses ou des développemens, l'effet d'un enchaînement de temps, de pas de vigueur, réglés sur un motif musical, vif et précipité.

L'*entrechat* est un saut léger et brillant, pendant lequel les deux pieds du danseur se croisent rapidement, pour retomber à la cinquième position, ou en attitude sur une jambe; comme dans l'entrechat à cinq, à sept, à neuf; dans la *cabriole*, dans les *brisés*, etc., dans les *ronds-de-jambes en l'air*, etc. On peut terminer tous les entrechats que l'on finit sur une jambe, ainsi que les *ronds-de-jambes en l'air*, dans les attitudes et les arabesques qu'offrent les planches indiquées dans le chapitre précédent.

L'*entrechat* se prend sur place, par un *assemblé*, par un *coupé* ou par un *jeté*. Le corps s'élance en l'air, et les jambes passent à la cinquième position. On passe des entrechats à quatre, à six, à huit, à dix, et même on peut les passer à douze. L'on a vu un danseur le *frotter* jusqu'à quatorze; mais ce sont des tours de force, toujours désagréables, et qui ne produisent autre chose que l'étonnement de la force musculaire du sauteur. Le danseur ne peut alors achever ses temps, et son corps ébranlé par des mouvemens aussi rapides, fait des contorsions qui blessent la vue. Les plus beaux *entrechats* sont l'entrechat à six, l'entrechat à six ouvert, qui se fait en ouvrant le troisième temps, (Voyez la figure 52), et l'entrechat à huit.

Entrechats différens : entrechat à cinq dessus; entrechat à cinq dessous; brisé de côté, dessus et dessous; en arrière et en avant; entrechat à cinq de côté et en arrière; sissonne battue en avant et sissonne battue derrière; entrechat à quatre sur une jambe; entrechat à sept en avant et en arrière; la cabriole à un et à deux temps; la cabriole italienne en avant et en arrière; les deux ronds-de-jambes en dehors et en dedans, etc.

On fait aussi tous ces entrechats en tournant, excepté les brisés dont j'ai parlé, les entrechats à cinq de côté et en arrière, et la cabriole. L'entrechat à sept en avant est de ce nombre. L'entrechat à six se fait en tournant.

Observations sur l'Entrechat et sur la manière de BATTRE *et croiser les temps, des danseurs* JARRETÉS *et* ARQUÉS.

JARRETÉS.

La contraction des muscles dans les efforts du saut roidit les articulations, et contraint chaque partie de rentrer à sa place et de revenir à sa forme naturelle; les genoux, ainsi forcés, se portent donc en dedans, ils reprennent leur volume; ce volume met un obstacle aux battemens de l'entrechat. Plus ces parties se joignent, et plus celles qui leur sont inférieures s'éloignent; les jambes ne pouvant ni battre ni croiser, restent comme immobiles au moment de l'action des genoux, qui roulent désagréablement l'un sur l'autre; et l'entrechat n'étant ni *coupé*, ni *battu*, ni croisé par le bas, ne saurait avoir la vitesse et le brillant qui en font le mérite.

La manière d'étudier, comme je l'ai déjà dit au chap. II, *Étude des jambes*, et le temps, parviennent à corriger ces défauts.

ARQUÉS.

Ils sont nerveux, vifs et brillans dans les choses qui tiennent plus de la force que de l'adresse : nerveux et légers, attendu la direction de leurs *faisceaux musculeux*, et vu la consistance et la résistance de leurs ligamens articulaires ; vifs parce qu'ils *croisent* plus du bas que du haut, et qu'ayant, par cette raison, peu de chemin à faire pour battre les temps, ils les *passent* avec plus de vitesse ; brillans parce que le jour perce entre les parties qui se *croisent* et se *décroisent*. Ce jour est exactement le *clair-obscur* de la danse ; car si les temps de l'entrechat ne sont ni *coupés* ni *battus*, et qu'ils soient au contraire *flottés* et *roulés* l'un sur l'autre, il n'y aura point de *clair* qui fasse valoir les ombres, et les jambes trop réunies n'offriront qu'une masse indistincte et sans effet. Les arqués ont en général peu d'adresse, parce qu'ils comptent sur leur force, et que cette même force s'oppose en eux à la souplesse et à l'aisance.

Observations sur ceux qui sautent.

« La natura opera ed insegna senza alcun discorso del saltatore, che quando vuol saltare, egli alza con impeto le braccia e le spalle, le quali seguitando l'impeto, si muovono insieme con gran parte del corpo, e levansi in alto, sino a tanto che il loro impeto in sè si consumi : il qual impeto è accompagnato dalla subita estensione del corpo incurvato nella schiena, e nella giuntura delle coscie, delle ginocchia e de' piedi, la qual estensione è fatta per obbliquo, cioè innanzi ed all'insù; e così il moto dedicato all'andare innanzi porta innanzi il corpo che salta, ed il moto di andare all'insù alza il corpo, e fagli fare grand'arco, ed aumenta il salto. »

Léonard définit parfaitement l'action de l'homme qui saute, et les moyens qu'il emploie pour s'élever de terre. Il nous démontre la force, l'impétuosité des mouvemens des bras et des épaules, qui entraînent le corps, lequel déja courbé et parfaitement posé sur les hanches et sur les genoux, ployés et préparés à prendre leur élan, que doit faciliter le ressort des coude-pieds, saute et entraîne tous les autres membres, et s'élève de terre. Cependant le danseur qui s'éleverait, et « qui, pendant sa danse ferait mouvoir le corps par secousses, qui hausserait les épaules par le contre-coup des jambes, qui plierait ou lâcherait les reins, pour faciliter l'exécution des temps d'élévation, serait blâmable (chap. III). Il faut que le corps soit tranquille, inébranlable, et toujours posé gracieusement. »

Dans les entrechats et dans les temps d'élévation, on peut se dessiner presque dans toutes les attitudes et arabesques. Selon moi, les plus belles positions sont celles qu'offrent les figures 54, 55, 56 et 57. Position du danseur dans l'entrechat droit, figure 52.

Entrechat et temps d'élévation, où le corps est penché en avant, figures 55 et 57. Entrechat et temps d'élévation, où le corps est penché en arrière, fig. 56, même planche. Élévation ordinaire du danseur, mesure de deux pieds, fig. 53.

Observations physiques sur l'homme qui s'élève de terre.

COME NEL SALTAR DELL'UOMO IN ALTO VI SI TROVANO TRE MOTI.

« Quando l'uomo salta in alto, la testa è tre volte più veloce che il calcagno del piede, innanzi che la punta del piede si spicchi da terra, è due volte più veloce che i fianchi; e questo accade, perchè si disfanno in un medesimo tempo tre angoli, dei quali il superiore è quello dove il busto si congiunge con le coscie dinanzi, il secondo è quello dove le coscie di dietro si congiungono con le gambe di dietro, il terzo è dove la gamba dinanzi si congiunge con l'osso del piede. »

(Leon., Tratt. di Pittura.)

Attitudes du danseur dans les temps d'élévation et dans les entrechats, fig. 52, 54, 55, 56 et 57.

Élévation de deux pieds de hauteur.

N. B. Le danseur peut prendre dans l'instant de son élévation, toute espèce d'attitude et d'arabesque, comme je l'ai déjà dit.

CHAPITRE VII.

DES PIROUETTES.

De la manière de les prendre ou préparer, de celle de les faire et de les filer; des diverses positions ou attitudes que l'on peut avoir en tournant, et des différentes manières de les arrêter et de les terminer.

L'art de la danse a été porté par Dauberval, Gardel, Vestris, et quelques autres grands artistes, à un si haut degré de perfection, qu'elle a dû surprendre Noverre lui-même. Ce grand talent a dû en avoir la preuve convaincante; il s'est aussi trouvé à la plus belle époque des progrès de la danse, car il n'y a pas long-tems qu'il n'est plus. Les artistes du siècle passé sont inférieurs à ceux des dernières années de la même époque, et à tous ceux du commencement de celui-ci. On ne peut s'empêcher d'admirer la rapidité des progrès qu'a fait l'art moderne. Nos danseurs possèdent un goût plus épuré, leur danse est remplie de grâces et de charmes (qualités qui n'ont jamais existé chez nos anciens artistes) ; les plus beaux temps d'aplomb, d'équilibre, étaient ignorés; les poses gracieuses, les belles attitudes, les séduisans arabesques, n'étaient pas en usage. L'exécution vigoureuse et brillante, la multiplicité des pas, la variété des enchaînemens, les différentes pirouettes, n'embellissaient pas encore l'art naissant; et l'exécution de l'artiste était bornée par la plus grande simplicité.

Pour vous satisfaire pleinement, et pour

acquérir des preuves certaines de ce que j'avance à l'égard des danseurs anciens et modernes, lisez dans l'Encyclopédie les articles sur la danse, rédigés par Noverre.

Il faut avouer cependant, en faveur des anciens danseurs, de nos premiers maîtres, qu'ils se sont distingués dans le genre grave ou sérieux, beaucoup plus que nous, et que les Dupré et Vestris père ont été les modèles les plus parfaits de ce genre si vanté, et qu'ils ont eu très-peu de bons imitateurs. (Voyez le chap. VIII.) Il est vrai que ces danseurs n'avaient pas une exécution variée, et qu'ils étaient peu féconds en pas; mais ils étaient parfaits dans le peu qu'ils en faisaient. Maintenant que l'art de la danse est si compliqué, et que presque tous les élèves de nos jours se destinent à tous les genres, il est difficile de trouver un artiste parfait.

« Qui trop embrasse mal étreint. »

C'est aux progrès étonnans de la danse moderne que nous devons les pirouettes ; nos anciens danseurs, ainsi que Noverre, ne les connaissaient point, et ils pensaient qu'il était impossible de surpasser les trois tours sur le coude-pied. Les meilleurs danseurs d'à-présent prouvent le contraire. L'exécution actuelle des diverses pirouettes est vraiment extraordinaire, en ce qu'on est parvenu à faire l'aplomb le mieux conservé, et à maintenir le corps dans l'équilibre le plus parfait. Les jeunes danseurs sentiront parfaitement ce que je dis ; ils sauront déjà ce qu'il en coûte pour parvenir seulement à se soutenir sur une jambe, et puis après sur la pointe du pied; et quel travail il faut ensuite pour tourner dans une position quelconque, sans jamais ébranler aucune partie du corps.

L'on devrait peut-être regarder MM. Gardel et Vestris comme les inventeurs des pirouettes; ce dernier est celui qui, en les perfectionnant, les a multipliées, et les a mises plus à la mode. D'autres excellens danseurs ont encore enchéri sur lui, et en ont fait de surprenantes, presque dans toutes les manières.

Une pirouette de trois à quatre tours, filée à la seconde et arrêtée dans la même position, ou en attitude, est la preuve du plus grand aplomb que le danseur puisse avoir. Rien dans la danse ne surpasse cette difficulté.

La pirouette demande un grand travail. L'homme que la nature aura favorisé dans sa construction, parviendra à les exécuter avec grâce; mais celui qui sera serré des hanches, et qui se trouvera gêné dans le développement des jambes, ne réussira que faiblement, et ne pourra bien tourner que sur le coude-pied; il faut qu'il abandonne les grandes pirouettes. Le danseur d'une construction trop vigoureuse ou arquée, éprouvera le même sort; la force musculaire lui enlevera la même souplesse, le moelleux des jambes, et la tranquillité que doit avoir le corps, pour conserver un parfait équilibre. Les jarretes et les constructions délicates l'emportent sur ces derniers ; ils auront plus de douceur, plus de facilité dans les membres, et seront beaucoup plus tournés. Il faut être *très-en-dehors* pour devenir un bon pirouetteur (qu'on nous permette ces expressions d'école).

« La plante du pied est la vraie base sur laquelle porte toute notre machine. Un sculpteur courrait risque de perdre son ouvrage s'il ne l'étayait que sur un corps rond et mouvant ; la chute de la statue serait inévitable ; elle se romprait et se briserait infailliblement. Le danseur, par la même raison, doit se servir de tous les doigts de ses pieds, comme d'autant de branches, dont *l'écartement* sur le sol, augmentant l'espace de son appui, affermit et maintient son corps dans l'équilibre juste et convenable ; s'il néglige de les étendre ; s'il ne *mord* en quelque façon la planche, pour se cramponner et se tenir ferme, il s'ensuivra une foule d'accidens. Le pied perdra sa forme naturelle, il vacillera sans cesse et du côté du petit doigt au pouce, et du pouce au petit doigt : cette espèce de *roulis* occasionné par la forme convexe que l'extrémité du pied prend dans cette position, s'oppose à toute stabilité ; les chevilles chancellent, et l'aplomb se perd. »

Soyez toujours bien placé en commençant la pirouette. Voyez la figure 31. Elle représente la position de la préparation des pirouettes *en dehors*. Il faut que le corps soit bien assuré sur les jambes dans cette position, et que les bras soient prêts à donner le mouvement et la force au corps pour le faire tourner, et qu'en même temps, ils prennent leur position, servent de *balancier* pour conserver l'équilibre de de toutes les parties du corps qui se trouvent appuyées sur une seule jambe, et sur l'extrémité de la pointe.

Avant de préparer la pirouette en dehors ou en dedans, le danseur peut rester placé dans toutes les attitudes ou arabesques qui terminent son enchaînement. Cependant les positions les plus usitées, et celles qui facilitent la préparation de la pirouette, parce que le corps se trouve droit, et qu'il est déjà en aplomb sur les jambes, sont les positions, fig 3, 4 et 5, la fig. 19, les fig. 20 et 23, la fig. 25, et la fig. 33.

Les positions, les attitudes du danseur, les plus connues et les plus usitées dans les pirouettes sont : à la seconde (voyez figure 25), en attitude (voyez figure 33), et sur le coude-pied (voyez figure 40). Pourquoi les danseurs en général sont-ils aussi limités que cela dans la manière de se poser en tournant? Car lorsque l'artiste est parvenu à *filer*, à pirouetter, le travail peut aussi le faire parvenir à tourner en arabesque, ou dans quelqu'autre attitude différente. Je me suis écarté quelquefois de la règle commune, et j'ai introduit dans ma danse quelques nouvelles pirouettes, dont la première est de filer trois tours, par exemple, à la seconde, et de placer ensuite la jambe et les bras dans la position de l'arabesque qu'offrent la figure 44, et de tourner trois ou quatre tours dans cette attitude en l'arrêtant dans la même position. L'exécution parfaite de cette pirouette est d'un effet très-agréable et très-gracieux. Une autre pirouette qui est d'une grande difficulté, et d'un très-bel effet, est cette autre que j'ai faite; pour cela, après avoir filé à la seconde, il faut filer dans la position de l'arabesque à dos tourné, que représente la figure 47.

Le corps doit alors être bien alongé et bien penché, et les bras et la tête doivent gracieusement accompagner le mouvement. Cette pirouette a quelque chose qui étonne; car le corps du danseur est si penché que l'on dirait qu'à chaque tour qu'il fait, il est prêt à tomber, ou qu'on croirait qu'il y a quelque chose d'incompréhensible qui le soutient, parce que la position du corps, des bras, de la jambe qui est en l'air, et la vitesse avec laquelle on tourne, dissimule le centre de gravité. Cette pirouette, selon moi, est la plus difficile de toutes celles que l'on peut faire. J'ai aussi tourné dans l'attitude figure 36. Cette pirouette est d'un grand effet. La position angulaire des bras doit ajouter au brillant de la pirouette. On peut s'en servir dans un pas de caractère.

Dans un rôle de Mercure que je représentais, je pris, en pirouettant, l'attitude de la statue de *J. Bologne* (voyez la fig. 37); cette belle position est très-difficile; et si l'on n'est point cambré naturellement, on n'y réussira pas, et elle ne pourra même produire aucun effet. Il faut que le corps soit très penché en avant, et que le bras droit se développe presque en entier. La jambe qui est en attitude doit se plier, et par son mouvement elle doit accompagner le contour arrondi de la position du corps. Afin de rendre cette attitude encore plus gracieuse pour un danseur, on doit étendre le bras gauche qui tient le caducée; en enlevant cet angle que produit l'action du bras, cela rend la pirouette beaucoup plus agréable. Dans le geste indicatif de l'action, cette pose est remplie de vérité, et ne doit pas être modifiée.

Je terminerai en disant à l'élève qu'il peut tourner dans toutes sortes d'attitudes et d'arabesques, pourvu que le dessein de son corps, de ses bras et de ses jambes soit gracieux et facile, et que le mouvement de toutes les parties du corps soit naturel, et dénué d'une pénible et désagréable affectation.

En terminant, on peut arrêter les pirouettes dans toutes sortes de poses, d'attitudes et d'arabesques. Genres différens de pirouettes : pirouettes à petits battemens sur le coude-pied; à *rond-de-jambe*, à la seconde; à la seconde avec grand *rond-de-jambe*; avec fouetté; pirouette en attitude, en arabesque; pirouette sur le coude-pied; pirouette en dedans à la seconde; sur le coude-pied et en attitude; pirouettes renversées, pirouettes composées, etc.

Position du danseur en prenant les pirouettes en dehors, figure 31.

N. B. Les pieds doivent être placés entre la seconde et la quatrième position.

Position du danseur en prenant les pirouettes en dedans, figure 32.

CHAPITRE VIII.

DANSEUR SÉRIEUX. DANSEUR DEMI-CARACTÈRE. DANSEUR COMIQUE.

Celui qui se destinera à la danse sérieuse ou héroïque, doit posséder une belle taille et de belles formes; son genre de danse exige absolument ces qualités physiques. Des statures d'homme ou de femme, qui se rapprocheraient de celles de l'*Apollon* ou de l'*Antinoüs*, et de la *Vénus de Troade* ou de la *Diane*, seraient parfaitement adaptées à la danse noble ou sérieuse; mais elles ne conviendraient pas au genre *demi-caractère* et villageois; elles auraient trop de noblesse et de majesté (voyez la fig. 1).

Le port, le maintien du danseur sérieux, doivent être élevés, élégans, nobles et majestueux, sans affectation. Le sérieux est le genre le plus difficile de la danse; il demande un grand travail, et n'est véritablement apprecié que par les connaisseurs et les gens de goût. L'artiste qui s'y distingue mérite le plus d'éloges. L'exécution parfaite d'un *adagio* est le *nec plus ultrà* de l'art, et je la regarde comme la pierre de touche du danseur.

Il est malheureux que le plus beau genre de danse soit maintenant si négligé; et je le crois même entièrement perdu. La confusion des genres qui ternit l'art de la danse, le peu de constance des danseurs pour l'étude, et le goût corrompu du public dans certains théâtres, en sont les véritables causes. Nos maîtres se sont parfaitement distingués dans ce genre, et n'ont pas eu beaucoup de successeurs. (voyez le chap. VII.) Je ne connais qu'un danseur capable de se montrer avec avantage dans cette danse : mais qu'il ne se livre pas, par trop de complaisance, à plaire à d'ignorans spectateurs. Ce serait pourtant à l'artiste qu'il appartiendrait de ramener le public au goût du beau, du vrai, en persistant dans l'exécution des vrais principes de l'art. Dans l'un des journaux de Paris qui parlait de mes débuts à l'Académie royale de musique, dans le genre sérieux, on disait, à l'égard de ce genre de danse : « Depuis long-temps la danse noble et sérieuse est singulièrement dédaignée ; je ne conçois guères en effet que l'on puisse danser sans être gai. Cependant le genre grave a aussi ses attraits particuliers. De belles poses, de beaux mouvemens, donnent à l'art de la danse une importance qui, sous le rapport de l'imitation, se rapproche de l'art du sculpteur. Les anciens cultivaient et aimaient beaucoup ces sortes de récréations ; nous les dédaignons parce que nous sommes fort éloignés de la perfection à laquelle les Grecs, et sur-tout les Romains, étaient parvenus. Leurs jeux mimiques avaient quelque analogie avec notre danse grave; et c'est une raison pour encourager le petit nombre des artistes qui se livreront à de pareils exercices. Peut-être nous procureraient-ils un jour des jouissances qui nous sont encore inconnues. »

Cette dernière phrase prouve combien est véritable la décadence du beau genre sérieux, puisque les *jouissances* que cette danse peut permettre sont *inconnues* aux spectateurs d'aujourd'hui.

Un danseur sérieux doit être parfaitement tourné, avoir de beaux coude-pieds, et une grande facilité dans les hanches; sans ces qualités, qui lui sont indispensables, il ne parviendra pas dans le genre qu'il a adopté. Dans les autres genres de danse, il n'est pas aussi essentiel de posséder en perfection les qualités et les moyens dont je viens de parler ; on n'exige pas d'un danseur de demi-caractère ou comique la même correction que l'on veut trouver dans le danseur héroïque. L'artiste dont je parle, doit se distinguer en tenant la partie supérieure du corps bien placée, par des mouvemens de bras parfaitement combinés, et par le beau fini des principes de son école.

Les beaux développés, les grands temps, et les plus beaux pas de la danse, appartiennent à ce genre ; le danseur doit fixer l'attention du spectateur par la beauté du dessein, par la correction de ses poses, de ses attitudes et de ses arabesques. Les plus belles pirouettes filées à la seconde, en attitudes et sur le coude-pied ; les temps d'élévation, de vigueur, et un bel entre-chat, sont de son ressort. On voit par là que l'exécution du danseur sérieux d'aujourd'hui est beaucoup plus compliquée que celle des anciens, et que cet artiste doit posséder bien des qualités.

Le danseur demi-caractère doit être d'une stature moyenne, avoir des formes élancées et élégantes. Une taille comme celle de Mercure, ou de l'Hébé de Canova (11), serait convenable au genre demi-caractère ou mixte; celui ou celle qui auront le bonheur de posséder ces avantages physiques, brilleront dans ce genre charmant de la danse.

Le demi-caractère est un mélange des divers genres de la danse. Le sujet qui s'y destine peut se permettre l'exécution de tous les temps, de tous les pas que l'art nous apprend. Cependant sa manière doit être toujours noble et élégante, et ses temps d'abandon, d'élans, doivent être faits avec retenue et en conservant sans cesse une aimable dignité. Il doit éviter les grands temps du genre sérieux. Ce danseur ne réussira entièrement que dans les pas de Mercure, de Pâris, de Zéphire, d'un Faune, et dans la danse, et dans les manières gracieuses d'un élégant troubadour, etc.

Le danseur d'une taille médiocre, et d'une construction vigoureusement ramassée, s'adonnera au genre comique, pastoral ou villageois; et si, à ces formes, presque athlétiques, il joignait une taille moyenne, il se distinguera parfaitement dans les pas de caractère, dont la plupart tiennent du genre comique. Selon moi, le type de ce genre est l'imitation de ces mouvemens naturels qui ont formé ce qu'on a appelé les danses dans tous les temps et chez tous les peuples. Imiter, contrefaire, tout en dansant, les pas, les attitudes, les manières ingénues, badines, et parfois grossières de l'habitant des campagnes, qui, au son de ses instrumens rustiques, se livre sans nulle retenue aux plaisirs de la danse et à des jeux que partage, avec une gaîté franche, sa compagne cherie ou son amante, c'est offrir le tableau du genre pastoral. L'élève pour y bien parvenir doit étudier la nature et les meilleurs peintres qui se sont plu à nous en rendre sensibles les images.

Les autres danseurs de caractères comiques dont j'ai déjà parlé, s'étudieront dans les pas caractéristiques. Ils doivent se rendre esclaves de l'imitation la plus sévère des danses particulières à chaque peuple, et tout en dansant, donner à leurs pas et à leurs attitudes, le genre et le caractère des danses nationales qu'ils exécutent. Les danses de caractère les plus connues sont : la Provençale, le Boléro, la Tarentelle, la Russe, l'Écossaise, l'Allemande, la Tyrolienne, la Cosaque, la Fourlane, etc. Le pas Chinois, les pas de Sabotiers, l'Anglaise, les pas de Caricature, etc., sont du bas comique. Chez les danseurs comiques on n'exige pas encore toute la correction des danseurs de demi-caractère.

Genre sérieux, figure 58.

Genre demi-caractère, figure 59.

Genre comique, figure 60.

Exemple de composition de groupes; attitudes de genre et tableau principal d'une bacchanale, figure 61. (*).

(*) L'explication des planches par ordre, se trouve à la fin de cette partie.

CHAPITRE IX.

LE MAITRE,

ET

NOUVELLE MÉTHODE D'ENSEIGNER.

Il faut qu'un danseur, élevé à la meilleure école, parvienne au premier rang par son exécution. Celui qui ne possède que la théorie de l'art de la danse, ne sera jamais un parfait démonstrateur (12). Tout autre sans cela n'enseignera que par routine, machinalement, et n'aura jamais rien de certain dans ses leçons et dans la manière de les démontrer. Il ne donnera pas les vrais moyens d'exécuter, et par conséquent de réussir et de se distinguer dans l'art qu'il enseigne. Un élève qui sortira des mains d'un tel maître, manquera d'abord de perfection, il ne possédera pas l'esprit de son art; sa danse sera froide, sans expression, sans âme et sans grâce. Il n'offrira qu'un tableau manquant de correction dans le dessin, d'un très-faible coloris, et qui n'aura ni dégradations, ni clair-obscur. Si donc ces qualités essentielles à la peinture, comme à la danse, n'existent pas, l'ouvrage ne pourra jamais intéresser ni plaire. Cependant, j'ai connu des artistes sortis d'une bonne école, qui, par quelques circonstances, n'ayant pu parvenir au premier rang, et occuper la place des premiers danseurs, se sont adonnés à la démonstration de leur art, et ont fourni de très-bons élèves : tels sont MM. Coulon, Mase, et quelques autres professeurs estimés. Mais de pareils maîtres sont en très-petit nombre, et, la majeure partie est incapable, par les raisons que j'ai déjà alléguées, de créer un danseur *fini*.

Le maître qui a exercé son art, et à qui une longue expérience donne des moyens plus étendus, ayant à former un danseur, examinera premièrement si la construction physique du jeune élève est disposée pour l'exercice de la danse, et si en grandissant il pourra faire pompe d'une taille élégante, de formes bien faites et gracieuses; car, sans ces dons naturels, et sans des dispositions qui puissent promettre de rapides progrès, l'écolier n'acquerra jamais ni un grand talent, ni une haute réputation.

« . . . . Se adeguata
Non avrà la figura, non imprenda
Un arte si gentile e delicata. »

Riccoboni.

Un grand acteur disait : *On ne peut se distinguer au théâtre que lorsqu'on est aidé par la nature.* Ces mots dictés par l'expérience sont pleins de vérité.

L'âge de huit ans est le plus propre aux premiers exercices du danseur; le jeune élève comprendra facilement la démonstration; et le maître pouvant juger de son physique, l'instruira avec plus de fruit.

A peine le maître aura-t-il dégrossi l'élève par les premiers exercices, qu'il devra lui apprendre la leçon (13), et le perfectionner par les temps d'école, par les principaux pas de la danse, et alors lui indiquer et lui faire adopter le genre de danse qui est convenable à ses dispositions, à sa construction physique et à son sexe.

L'homme doit avoir une manière de danser qui diffère de celle de la femme; les temps de vigueur, de force, et l'exécution hardie, majestueuse du premier, ne siéraient point à la seconde, qui ne doit plaire et briller que par des mouvemens gracieux et souples, par de jolis pas terre-à-terre, et par une décente volupté dans ses attitudes (14).

Ceux qui possèdent une belle-taille seront destinés, par le maître, au genre sérieux, à la danse noble. Celui ou celle qui n'offrira qu'une stature moyenne, avec des formes élancées et délicates, sera livré au genre demi-caractère ou mixte. Tous ceux d'une taille plus que médiocre, et d'une construction forte et ramassée, s'adonneront au genre comique et aux pas caractéristiques. Le maître doit terminer ses instructions et ses leçons, en donnant à l'élève l'esprit, le sentiment, le charme de son art, pour en faire un artiste accompli. Il faut qu'il lui démontre bien la différence qu'il y a d'un genre de danse à l'autre, qu'il en fixe bien précisément l'exécution, et qu'enfin il apprenne à l'écolier quelles sont les diverses manières de danser qu'exigeront l'habit et les costumes dont il devra se revêtir selon l'occurence.

Si l'élève se sent enclin à la composition, et qu'il paraisse montrer des dispositions pour imaginer, le maître, savant dans son art, doit le faire exercer dans la composition des pas, et l'instruire dans le dessin et dans le beau de la chorégraphie.

A l'âge de vingt-trois à vingt-quatre ans, le danseur doit avoir acquis tout le mécanisme de son art, et il doit posséder l'exécution la plus brillante, dont ses moyens seront susceptibles. Ce n'est pas dans l'art de la danse que la valeur doit attendre *le nombre des années.* Le danseur arrivé à quarante ans, s'il s'est bien conservé, et s'il est d'une bonne école, peut encore briller au premier rang; nous en avons eu des exemples.

NOUVELLE MÉTHODE D'ENSEIGNER.

Lorsque je formerai une école de danse, je mettrai de suite en pratique ce moyen que j'ai imaginé, que je crois essentiellement utile, et que tout professeur, sans être obligé de savoir dessiner, peut employer, c'est-à-dire, que je formerai pour les élèves une espèce d'Abécédaire composé de lignes droites, pour toutes les positions de leurs membres, donnant à ces lignes et à leurs combinaisons respectives les dénominations adoptées par les géomètres, savoir : de *perpendiculaires*, d'*horizontales*, d'*obliques*, d'*angles*, *droits*, *aigus*, *obtus*, etc. Langage que je crois même indispensable dans nos leçons, en traçant sur l'ardoise ces figures par des lignes droites, comme dans l'exemple donné ici : un grand nombre d'élèves à la fois, ayant les yeux fixés sur ce modèle, concevront de suite, ensemble, et très-facilement, leurs positions, leurs attitudes, sans que le maître soit obligé de *s'époumonner* par de longs discours à chacun d'eux. En outre de cela, les plus diligens de ces écoliers pourraient copier, sur de petites ardoises, ces mêmes figures, et les emporter, pour les étudier, chez eux, comme l'enfant qui commence à syllaber, étudie dans son *Abécédaire*, sans avoir près de lui le maitre. Que l'on compare les deux figures suivantes aux figures 25 et 27, et l'on aura une idée claire et précise de ce nouveau système.

Figure 25.

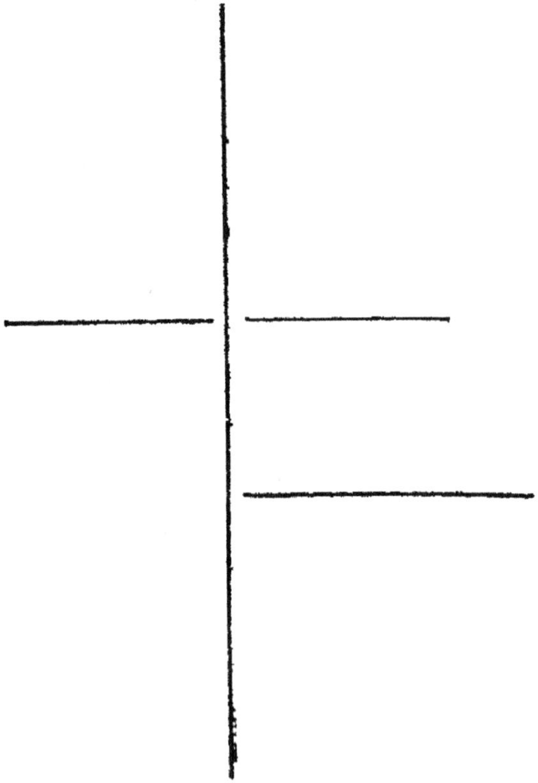

Figure 27.

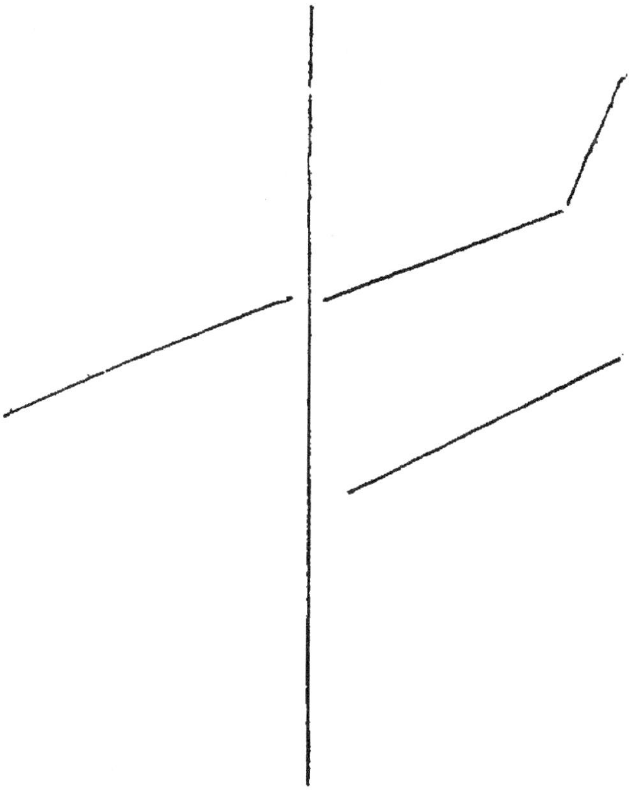

Ce sera aux élèves à bien étudier ces lignes géométriques, en observant leur diversité. Lorsqu'ils seront parvenus à s'assujettir à ce travail, que j'oserai dire mathématique, à cause de sa rigueur, ils seront sûrs de se bien placer, et ils donneront des preuves qu'ils sortent d'une bonne école, dans laquelle ils ont acquis un goût pur. Pour mieux parvenir au but que je me suis proposé de la formation d'un bon danseur, je joins aussi (comme on l'a vu) aux préceptes que contient mon traité, des figures que j'ai fait dessiner d'après moi-même; elles représentent les positions du corps, des bras, des jambes; les différentes poses, les attitudes et les arabesques. Les élèves ayant ces exemples sous les yeux, comprendront facilement les principes théoriques que je leur enseigne. Le poète de Tibur observe judicieusement :

« Segniùs irritant animos demissa per aurem
Quam quæ sunt oculis subjecta fidelibus........»

et pour que leur exécution soit parfaite, je

leur trace, sur les principales positions de ces figures, des lignes, qui fixeront la véritable manière de se poser, et de se dessiner dans les diverses attitudes de la danse.

J'ai préféré ces nouveaux moyens, certainement plus sûrs et plus efficaces à celui d'une longue et fatiguante description des mouvemens de la danse, qui ne ferait souvent qu'embarrasser et confondre l'esprit de l'élève. On ne saurait trop recommander aux jeunes gens qui se destinent à cet art d'imitation, la vue des chefs-d'œuvre de la peinture et de la sculpture, surtout dans l'antique : ces enfans immortels du génie des beaux-arts, ces modèles du beau idéal, formeront leur goût. Un danseur qui ne sait point se dessiner, et qui par conséquent manque de cette grâce qui séduit, qui charme, ne sera point regardé comme un artiste, et *ne pourra jamais intéresser ni plaire*.

DE LA COMPOSITION DES PAS.

J'ajouterai ici une remarque et un conseil que je crois pouvoir être fort utiles aux jeunes élèves qui, ayant déjà mis en usage les principes de la danse, s'adonneront à la composition des pas.

Pour s'exercer et pour hâter les progrès dans la composition de la danse, pourquoi nos jeunes élèves ne suivraient-ils pas l'exemple de Dupré? Cet artiste, qui avait l'habitude de danser en improvisant sur des airs connus, pour former son imagination à innover des pas et des enchaînemens, et pour habituer son oreille à saisir promptement le mouvement et le rythme de la musique.

Ce travail serait infiniment utile et servirait à développer le génie du jeune danseur. Ses premières compositions manqueraient, sans doute, de correction, et parfois de grâce; mais après avoir formé le canevas, pour ainsi dire, du pas, il pourrait ensuite le corriger, et y faire tous les changemens convenables.

Je me suis souvent plu à improviser, et j'ai été assez heureux quelquefois pour produire des choses passables; j'obtins par cet exercice beaucoup plus de facilité pour composer des pas que je devais exécuter en public, ayant sur-tout quelque peu de temps pour les mieux combiner en les perfectionnant. M. Gardel, en me parlant de nos anciens artistes, me vanta cette manière de danser de Dupré, qui tout en se formant un excellent danseur, donnait un plus grand essor à son génie: ce conseil me frappa, je m'y attachai, et j'en fis l'essai sous les yeux de mon père. Pendant qu'il improvisait sur le piano-forte, je tâchais de suivre ses intentions musicales, et de former des pas sur ses notes. Après quelque temps employé à cet exercice, je me risquai à essayer des pas de deux, de trois, réglés de cette manière, sur les mêmes motifs, dans ses opéras d'*Omphale*, d'*Achille*, de *Dibutade*, d'*Almanzor*, etc. Ces essais eurent le bonheur de ne pas déplaire.

APPENDICE.

PREMIERS EXERCICES.

Premières Positions.

Dans la première on doit avoir les jambes fort étendues, les deux talons l'un près de l'autre, et les pieds *en dehors* également; voyez la figure 1. Dans la seconde *position* les deux jambes sont écartées, mais seulement de la longueur du pied; voyez la figure 7. A la troisième les pieds sont croisés à moitié et se touchent; voyez la figure 3. La quatrième *position* est à peu près la même que la précédente, excepté que les pieds se croisent sans se toucher; voyez la figure 6. A la cinquième les pieds sont croisés en entier; voyez la figure 4. On doit ployer les genoux dans toutes ces positions, sans jamais lever les talons de terre; voyez la figure 9. Pour donner de la souplesse et de la force aux coude-pieds, ainsi qu'à toutes les parties des jambes, on devra, après avoir ployé, relever sur l'extrémité des pointes, et cela dans toutes les positions; voyez la figure 5 et la figure 8.

BATTEMENS.

Battemens. Mouvemens en l'air que l'on fait d'une jambe, pendant que le corps est posé sur l'autre. Il y en a de trois sortes, qui sont : les *grands battemens*, les *petits battemens tendus*, et les *petits battemens sur le coude-pied.*

Les *grands battemens* se font en détachant et en portant la jambe tendue jusqu'à la hauteur de la hanche. Voyez la fig. 10. Cette même figure vous démontre de quelle manière on doit s'exercer en se tenant. Après le mouvement du *battement*, la jambe retombe à la cinquième *position* d'où elle est partie. On les croise devant et derrière. Les *grands battemens* vous tourneront entièrement, et donneront de la facilité aux mouvemens des hanches pour les développemens et pour l'exécution des *grands temps*.

On fait aussi des *grands battemens* en avant et en arrière. En avant, la jambe doit arriver à la même position qu'offre les fig. 16 et 17. En arrière, la position est celle de la fig. 18.

Les *petits battemens tendus* se font de la même manière, excepté qu'au lieu de lever la jambe à la seconde en l'air, il faut que le dégagement soit petit, et que la pointe ne quitte point terre. Ces *battemens* délieront les jambes, parce que l'élève sera obligé de doubler les temps et le mouvement.

Les *petits battemens sur le coude-pied*. La hanche et le genou forment et disposent ces mouvemens; la hanche conduit la cuisse pour s'écarter ou pour s'approcher; et le genou par sa flexion forme le *battement* en croisant le bas de la jambe soit devant, soit derrière l'autre jambe qui est posée à terre. Supposez donc que vous soyez sur le pied gauche, la jambe droite à la seconde et la pointe appuyée à terre, il faut la croiser devant la gauche, en pliant le genou, et l'étendre en l'ouvrant à côté; plier du même temps le genou en croisant derrière, puis l'étendre à côté, et continuer à faire plusieurs de ces battemens de suite. Doublez peu à peu le mouvement jusqu'à ce que vous soyez parvenu, à les faire aussi vite qu'on ne puisse les compter. Ces *battemens* sont d'un très-joli effet, ils donnent de la vivacité et du brillant aux jambes. Ces petits battemens doivent aussi se faire en s'élevant sur la pointe.

ROND-DE-JAMBES.

Pour commencer à faire les *rond-de-jambes en dehors*, placez-vous dans la même position que vous prenez en commençant les *petits battemens.* Supposons la jambe gauche à terre et la droite à la seconde; faites décrire à celle-ci un demi-cercle en arrière, qui se termine à la première position; il faut que de là elle continue et achève le rond, en finissant à l'endroit d'où elle est partie; c'est ce que nous appelons *rond-de-jambes.*

Les *rond-de-jambes en dedans* se commencent à la même position, et la jambe au lieu de décrire un cercle, en le commençant en arrière, doit le commencer en avant. Après cela on doit exécuter les *rond-de-jambes* en l'air que l'on fait en étant placé sur la pointe du pied qui porte le corps. On doit s'exercer d'abord en se tenant, et faire tous les exercices dont j'ai parlé, aussi bien d'une jambe que de l'autre. Après ce travail on répète les mêmes temps sans se tenir, pour acquérir l'équilibre et l'aplomb, qualités essentielles à un bon danseur. Par cette manière de s'exercer on gagne de la force et les moyens de réussir dans l'exécution de tous les pas. Le danseur doit répéter tous les jours ces exercices et ne jamais les négliger, crainte d'affaiblir son exécution. Eussiez-vous le talent le plus rare, vous devez étudier sans cesse.

DU TEMPS.

On appelle *temps* un mouvement de jambe.

DU PAS.

Pas se dit des différentes manières de former et de conduire ses *pas*, en marchant et en sautant, soit en face ou en tournant.

Le *pas* se prend en général pour une composition faite sur un air; ainsi on dit il a fait un beau pas sur une telle chaconne, sur une telle gigue. On fait des pas pour être exécutés par plusieurs personnes; des pas de deux, de trois, de quatre, de cinq, etc.

DE LA LEÇON.

L'enchaînement des exercices élémentaires, et des principaux pas de la danse, s'appelle la *leçon*.

Les ployés dans toutes les *positions*, les *grands* et les *petits battemens*, les *rond-*

de-jambes à terre et en l'air, et les *petits battemens sur le coude-pied*, sont les exercices du danseur. Les *temps de courante* simples et composés ; les *coupés* à la première, à la seconde et composés ; les *attitudes*, les *grands rond-de-jambes*, les *temps de chaconne*, les *grands fouettés* en face et en tournant, les *quart-de-tour*, les pas de *bourrée*, et les temps des diverses *pirouettes*, suivent les premiers exercices. Ces temps de la belle danse formeront le danseur et le feront parvenir. La *leçon* se ferme par tourner les pirouettes, par des temps terre-à-terre, et par des temps de vigueur.

Cependant après que l'élève sera parvenu à bien danser la *leçon*, il n'a pas encore atteint le but qu'il doit s'être proposé ; il faut, pour qu'il soit un danseur *fini*, qu'il cherche a perdre cet air d'écolier, qu'il aura nécessairement, en se livrant avec sûreté dans son exécution, et qu'il montre qu'il est passé maître; il faut aussi qu'il cherche à plaire le plus qu'il pourra ; qu'il charme par la grâce, par un aimable abandon, par une danse toujours animée, expressive, qui entraîne le spectateur, et le ravisse délicieusement. Voilà l'artiste achevé.

MANIÈRE DE MARCHER.

La manière de bien *marcher* au théâtre est une chose nécessaire à un danseur, dont la plupart ignorent ou négligent les principes, tout en dansant, ou en se présentant au public. C'est un grand défaut au théâtre, et qui choque les spectateurs; car il leur fait perdre la charmante illusion de la danse, par la manière désagréable dont on marche dans les momens de repos ou dans l'instant que l'on se présente au public, pour l'exécution du pas.

La manière de bien *marcher* est très-utile, parce que d'elle dépendent les premiers principes que la danse inspire, qui est le bon air. Les jambes doivent être fort étendues dans leurs temps, les hanches fort tournées en dehors, parce les autres parties inférieures se tournent d'elles-mêmes, ce qui est incontestable. Le pas ne doit avoir que la longueur du pied. Ne mettez point de roideur dans le mouvement des jambes, et ne les écartez pas. Il faut aussi donner à sa manière de *marcher* un temps qui ne soit ni trop vite ni trop lent. Ces deux extrémités choqueraient. Ayez la tête droite et la ceinture ferme; c'est par ce moyen que le corps se maintiendra dans une situation avantageuse, et ne dandinera point. Avancez la poitrine, et laissez tomber les bras naturellement à côté du corps. Pour ce qui regarde la position naturelle des bras, voyez le ch. IV.

NOTES.

(1) L'*Apollon du Belvédère*, le *Laocon*, la *Vénus de Médicis*, le *Mercure* que l'on appelle l'*Antinoüs*, et quelques autres chefs-d'œuvre les plus étonnans de la sculpture grecque, sont des modèles sublimes de la perfection des formes humaines, et de l'expression la plus naturelle.

« Spesso vinta da lor cede' natura. »

Metastasio.

(2) Voyez l'appendice après le chap. IX.

(3) A la fin d'un raisonnement académique, sur la danse, que j'eus avec M. Gardel, ce grand artiste m'a dit que pour connaître

un bon danseur il fallait l'arrêter au moment d'une position, d'une attitude quelconque, et l'examiner : que l'œil même devait l'arrêter, pour ainsi dire, dans l'instant où il s'est enlevé, pour battre quelques temps ; si alors cet artiste se trouve placé dans les vrais principes, et que son corps, ses bras, ses jambes forment un ensemble harmonieux, agréable et digne d'être dessiné, le danseur a réussi et mérite la palme. M. Gardel, par cette observation, montre jusqu'où va son savoir, et prouve combien l'art de la danse est difficile. Tous ceux qui professent cet état ne peuvent point dire : *Anch'io son pittore.*

(4) Voyez chap. V.

(5) *Trattato della Pittura.* C'est, peut-être, le plus bel ouvrage que nous ayons sur cet art divin. Léonard de Vinci, son auteur, fut un de ces êtres extraordinaires, qui sont si rarement privilégiés de la nature. Il était musicien, poète, mécanicien, géomètre,

mathématicien, architecte, ingénieur, hydraulique, excellent dans l'art de modeler les figures, et l'un des plus grands peintres dont s'honore l'Italie. Son tableau de la *Cène*, qui n'est connu que sous son nom, est regardé comme l'un des chefs-d'œuvre de la peinture.

(6) Les fragmens marqués avec des guillemets, et sans nom d'auteur, sont extraits de l'Encyclopédie ; l'article qui les a fourni est le seul de l'ouvrage où l'on traite de la danse, qui puisse être utile aux jeunes danseurs d'aujourd'hui. Ces observations à l'égard du mécanisme de certaines parties de l'art, et surtout celles faites sur les constructions physiques des sujets sont remplies de justesse.

(7) La cadence (1) est une qualité de la

---

(1) On appelle aussi *cadence* ce battement de gosier, que les Italiens appellent *Trillo*. Les finales des phrases musicales s'appellent *cadences*.

bonne musique qui donne à ceux qui l'exécutent un sentiment vif de la mesure, en sorte qu'ils la marquent et la sentent tomber à propos, sans qu'ils y pensent, et comme par un instinct. Cette qualité est surtout requise dans les airs à danser. *Ce menuet marque bien la cadence* (1) ; *cette chacconne manque de cadence. Cadence* signifie encore la conformité des pas du danseur avec la mesure marquée par l'instrument. Mais il faut observer que la *cadence* ne se marque pas toujours comme se bat la mesure : ainsi le maître de musique marque le mouvement du menuet en frappant au commencement de chaque mesure; au lieu que le maître à danser ne bat que de deux en deux mesures, parce qu'il en faut autant pour former les quatre pas du menuet.

---

(1) Le Menuet, la Chacconne et la Gigue sont les plus beaux genres de pas de la danse de nos anciens maîtres.

(J.-J. Rousseau. Dict. de mus.) Cela n'a rapport qu'à cette danse.

(8) Rythme, c'est dans la définition la plus générale, la proportion qu'ont entre elles les parties d'un même tout. C'est en musique la différence du mouvement qui résulte de la vitesse ou de la lenteur, de la langueur ou de la brièveté des temps.

C'est la définition de Platon. (Voyez J.-J. Rousseau, ouvrage cité.)

Ritmo, voce greca che significa numero.
« Il numero si forma della distinzione,
O battuta degl' intervalli eguali o diversi. »

Cicerone.

Il ritmo è la più sensibile distinzione dei componimenti musicali : poichè le infinite diverse combinazioni de' varj tempi, de' quali esso variamente si forma, producono le sensibili infinite diversità d'una dall' altra aria. O dall' un o dall' altro motivo, pensiero, idea, soggetto, o comunque voglia chiamarsi, è per ciò disse Virgilio :

« Dell'aria io ben mi soverrei se in mente avesse
le parole. »

Con contesto *numero* o sia ritmo (che noi sogliamo regolare con la battuta), *possono i ballerini senza soccorso di armonia* (cioè di canto o di suono), *eseguire le loro imitazioni.* E percio Ovidio chiama non già *armoniose*, ma bensi *numerose* le braccia di un' eccellente ballerina.

« Quella incanta col gesto, a tempo alterna,
Le braccia numerose : è il molle fianco,
Con arte lusinghiera inclina e volge. »

(*Metastasio, consideraz. sulla poet. d'Aristot.*)

(9) Les statuaires, les peintres, les antiquaires donnent à cette partie supérieure du corps, le nom de *Torse;* mais nous sommes obligés ici de nous servir des termes usités

le plus généralement dans nos écoles de danse.

(10) Nous devrions dire le point de réunion de l'*humerus* ou avant-bras avec le *radius* ou le bras ; mais nos élèves le connaissent mieux par la désignation de la *saignée.*

(11) Je ne puis m'empêcher de rendre ici un pur hommage à ce grand sculpteur, le Praxitèle et peut-être le Phidias de notre siècle. Ses talens placent son nom à côté de ceux des Michel-Ange, des Tiammingo, des Algardi, et de tous les autres artistes sublimes qu'a produit la glorieuse Italie. Canova tient lui seul le sceptre de la sculpture moderne (1) ; ses nombreux ouvrages, épars dans toute l'Europe, se distinguent par le moelleux des contours, par une expres-

(1) Il vivait encore lorsque cet ouvrage parut pour la première fois en 1820.

sion infinie, par une douce naïveté, par une grâce naturelle, et par le charme d'une suavité rare, qui attire et séduit tous ceux qui ont le plaisir de voir son *Hébé*, sa *Madeleine*, son *Pâris*, sa *Vénus*, son *Amour et Psyché*, son *Dédale*, sa *Danseuse*, sa *Muse*, etc.

« Il ne manque rien à ces charmantes sculptures;
. . . .
Ni le mélange exquis des plus aimables choses,
Ni ce charme secret, dont l'œil est enchanté,
Ni la grâce plus belle encor que la beauté. »

La Fontaine.

Après avoir été charmé par la facilité, par la pureté, par la délicatesse et la légèreté du travail qui règne dans ces délicieuses statues, admirez le grand et sublime de l'art dans son *Hercule terrassant Lychus*, dans son *Thésée, vainqueur des Centaures*, et dans quelques autres ouvrages de ce genre que son génie a produit. La statue de Mme. *Letizia* se fait remarquer par la belle simplicité qui caractérise le ciseau grec.

(12) J'en ai moi-même eu la preuve convaincante. Après avoir reçu les premiers principes de danse, et avoir travaillé pendant quelque temps à l'école d'un coryphé, je fus prendre des leçons de M. Dutarque, maître de ballet. Mes parens me trouvant des dispositions, et voulant accélérer mes progrès, me mirent entre les mains de cet artiste, élévé à l'école des grands maîtres, et qui s'était déjà distingué comme premier danseur. A peine commencai-je à étudier sous sa direction, que je fus obligé de tout apprendre de nouveau, et d'oublier le peu que je savais. Je trouvai en lui une autre manière de démontrer dans ses leçons, et l'art de la danse me parut changé. J'y découvris un charme séduisant, mais avec de nouvelles difficultés, et la manière de les surmonter m'encouragea dans le travail en me faisant espérer que mes efforts ne seraient pas inutiles. Des voyages dans les principales villes de Bordeaux (1), de Mar-

(1) Bordeaux est, après Paris, la première

seille, etc., me firent acquérir de nouvelles connaissances dans mon art (le danseur doit beaucoup voir et bien examiner), et ce fut à l'opéra de Paris, le plus beau temple qu'on ait élevé à Terpsicore, que je vis

---

ville de France où s'exécutent de grands ballets. Son superbe théâtre a presque toujours possédé de bons compositeurs, et a fourni d'excellens danseurs à l'opéra de Paris. Depuis quelques années cette ville a donné trois ou quatre danseurs, qui ont tenu ou qui tiennent encore les premières places à l'*Académie royale de musique.*

Un journaliste disait, au sujet de mes débuts à l'Opéra : *le théâtre de Bordeaux* est destiné à nous approvisionner de danseurs.

Un autre journaliste de la province écrivait: *Notre grand théâtre de Bordeaux paraît être désormais le dernier échelon pour s'élever à cet olympe* (le grand Opéra). Que ceci soit dit en faveur du théâtre de Bordeaux, qui présentement possède encore quelques bons sujet, dirigé par M. Blache, l'un des meilleurs maîtres de ballet.

jusqu'à quel haut degré était porté l'art de la danse (1). M. Gardel, le premier des chorégraphes modernes, me montra par ses productions toutes les richesses de ce beau talent, et ce fut, encouragé et aidé par ses conseils, que j'ai dansé à *l'Académie royale de musique.*

(13) Voyez l'*Appendice.*

(14) Je connais un maître qui jouit à Paris d'une grande réputation, et qui a le défaut de faire danser les hommes de la même manière que dansent les femmes, de sorte que tous ses élèves sont maniérés et affectent une sorte de grâce qui a quelque chose de répugnant.

---

(1) Il est essentiel pour un jeune danseur de passer quelque temps à l'école de Paris; c'est là qu'il se perfectionnera dans son art.

Troisième partie.

LEÇONS DE DANSE

POUR

LA VILLE.

« Que vos grâces soient naturelles;
Ne les contrefaites jamais :
Dès que l'on veut courir après,
On commence à s'éloigner d'elles. »

DEMOUSTIER.

Troisième Partie.

DANSE

DE LA VILLE.

On s'est beaucoup occupé de la méthode d'enseignement de la danse pour la ville; mais les traités que l'on a écrits jusqu'à ce jour ont le défaut de tous les autres ouvrages sur la danse en genéral, c'est-à-dire, qu'ils ne contiennent rien d'assez positif ni d'assez exact sur la démonstration. On les lit, mais on n'apprend que très-peu de chose. Pour dicter des lois dans un art quelconque, et pour présenter des moyens de perfectionnement à ceux pour qui l'on écrit, il ne suffit pas de la simple théorie, il faut encore y joindre la pratique ; car on ne peut démontrer aux autres que ce que l'on sait bien soi-même.

Nous allons nous appliquer ici, de même que nous l'avons fait dans la *seconde partie* de ce livre, à donner aux élèves de la grâce dans toutes leurs poses, et des contours élégans dans toutes les différentes attitudes de leur danse : ce sont les choses les plus essentielles de notre art, celles qui contribuent le plus à le rendre agréable : malheureusement, la grâce et l'élégance ne s'acquièrent que très-difficilement.

Pour parvenir à notre but, nous nous aiderons des dessins représentant toutes les positions, selon les règles que l'art et le goût dictent pour le genre de danse dont nous nous occupons. Le premier venu peut démontrer l'exécution d'un *chassé*, d'un *pas de bourrée*, d'un *contre-temps*, etc. ; mais ce bon air, ce maintien élégant et noble à la fois, ces manières gracieuses, ces mouvemens bien dessinés et bien ajustés que l'on aime à trouver chez ceux qui dansent, ne sont pas du ressort de la plupart des maîtres, parce que, en général, ils ont négligé d'approfondir leur art.

Quoique la danse de société n'exige pas chez ceux qui s'y adonnent, ni de grandes dispositions, ni un travail forcé pour arriver à une certaine perfection, il faut néanmoins que l'on reconnaisse dans les sujets ces qualités physiques et ces moyens qui sont indispensables pour réussir; car, sans ces dispositions, on serait constamment gauche et même ridicule en dansant, et mieux vaudrait se borner à être simple spectateur que danseur maladroit. Autant la danse prête d'agrémens aux personnes bien faites et naturellement agiles, autant elle sied mal à un corps mal fait et lourd dont les mouvemens se refusent à tout ce qui est léger et gracieux.

Nos lecteurs auront sans doute pris une juste idée de la danse dans les précédentes parties de cet ouvrage, où nous nous sommes efforcés de leur faire voir, comme dans un tableau, tout ce qui compose cet art. Or, la danse de ville dérivant de la danse théâtrale, il est dans celle-ci une foule de choses qui sont utiles aux amateurs comme aux artistes. Telles sont, par exemple : le simple maintien, la marche, quelques-uns des exercices, quelques poses, un certain nombre de pas et de temps, et enfin, la grâce, la légèreté, la vivacité, l'élégance qu'on désire voir dans ceux qui dansent.

Ayant déjà démontré, dans la *première partie* de cet ouvrage, l'utilité et les avantages que retirent même ceux qui ne s'exercent à cet art agréable, que pour leur seul plaisir ou bien pour compléter une bonne éducation, nous nous entretiendrons ici, du mécanisme et de la théorie de la danse reçue dans la société, et étudiée par les gens du monde et du bon ton.

Après que le maître de danse aura examiné les qualités physiques et les dispositions de l'élève, voyez deuxième partie, ch. II et IX, pages 123 et 185, il devra commencer par lui montrer les *cinq positions*, et le farie plier et relever sur les pointes, à chacune d'elles. Ensuite il lui apprendra à faire des *petits battemens tendus*, et sur le *coude-pied*, et même des *petits ronds-de-jambe à terre*, en dehors et en dedans, voyez l'*appendice*, à la *seconde partie*, page 210. L'élève s'exercera d'abord en se tenant, et puis après sans se tenir, pour pouvoir acquérir de l'aplomb. Voyez figure 10.

Le maître devra lui placer le corps et

les bras, et rendre leur attitude noble et gracieuse. Voyez la fig. 3 et la fig. 7.

La manière de bien marcher, de saluer, de se présenter, et de se bien tenir en société, sont des choses essentielles, et que l'on doit rendre le plus possible naturelles à l'élève. Après ces études préliminaires, ces exercices qui servent de bases à la danse, et qui amènent à l'exécution de tout ce qui la concerne, le maître doit initier son élève à la connaissance des pas, des temps, des quadrilles ou contre-danses, de la valse, et autres genres de danses reçus dans la société.

Que le maître prenne le plus grand soin de ne faire passer l'élève à l'enseignement de ces danses, qu'après qu'il l'aura tenu quelque temps aux premiers principes. Car le bon succès ou le mauvais, dépend des premières leçons, et de l'assiduité au travail.

Il faut bien faire attention de différencier la danse de ville de la danse théâtrale. Il serait inconvenant de faire de grands pas, des temps d'élévation dans un salon, où tout montre que ces choses là seraient hors de leur place, et ne produiraient, par conséquent, aucun bon effet.

La danse pour la ville exige des pas terre-à-terre, et des poses d'une grande simplicité.

Les dames doivent sur-tout danser avec une aimable circonspection, et une grâce décente; cela ajoute à leurs charmes. Le cavalier doit toujours accompagner sa dame, et tous deux doivent aller d'accord dans leurs pas et dans leurs attitudes. Ils devront aussi s'appliquer à bien suivre la mesure et l'air, et à en faire sentir le rythme et l'expression. Voyez ce que nous avons dit relativement à la musique pour la danse, à la *seconde partie* du present ouvrage, ch. I, page 107.

L'élève doit généralement avoir les bras

placés à la position que nous appelons *demi-bras*. Voyez fig. 7. Leurs oppositions doivent être celles que représente la fig. 3. Pour la position du poignet et des doigts, voyez la fig. 1.

Pour la position du buste, de la tête et des jambes, voyez les fig. 1, 3 et 4.

Pour ce qui regarde les constructions *jarretées* et *arquées*, l'élève devra s'assujettir au même travail que les danseurs de théâtre, pour que sa danse produise un effet agréable. Voyez ch. II, page 123.

Je ferai observer ici que les amateurs doivent, soit dans leurs préparations, comme dans l'exécution et les terminaisons des pas et des enchaînemens, être toujours placés à la cinquième position, et non à la troisième, comme le prétendent la plupart des maîtres de danse pour la ville; car plus les pieds sont croisés, plus les temps sont passés, et conséquemment plus la danse est brillante, résultat que l'on n'obtient point en habituant les élèves à ne croiser les pieds qu'à la troisième position. D'ailleurs ce travail aide à tourner les danseurs, et leur fait acquérir cette agréable qualité de la danse. Celui qui n'est pas en dehors, perd tout le charme de ses pas.

Quant à tous les mouvemens du corps, ils sont à peu près les mêmes que ceux que font les danseurs de théâtre, mais avec la différence qu'ils doivent être beaucoup moins grands, moins forcés, et modifiés pour être adaptés au cadre de la danse de société.

On ne doit lever les jambes qu'un peu au-dessus de la seconde position à terre; cependant les cavaliers peuvent la dépasser, leur genre étant plus vigoureux, et composé de quelques temps d'élévation. Les bras et le corps ont très-peu de mouvemens à faire.

Que la tête soit haute, et le menton un

tant soit peu levé. Effacez gracieusement la tête, dans les oppositions du corps et des bras. Donnez toujours à votre physionomie une aimable gaîté, et qu'un doux sourire soit sur votre bouche. Baissez les épaules, avancez la poitrine, serrez la ceinture, soyez ferme sur vos reins. Avancez un peu le buste en avant, cela donne de la grâce à son attitude. Epaulez-le avec élégance, et naturellement. Que vos coudes soient arrondis, et que vos doigts groupés ensemble suivent avec grâce le contour des bras. Voyez la fig. 2. Les dames doivent tenir de l'extrémité des doigts leur robe, et leurs bras doivent être placés comme ceux des cavaliers.

Les bras servent d'ornement au corps, et doivent l'accompagner avec une élégante aisance.

Ce que nous venons de dire relativement au maintien et à l'attitude du corps, doit être sur-tout observé par les dames, dans leur démarche. Ces positions, ces mouvemens, relèvent leurs qualités physiques, et leur donnent un attrait infini. Voici comment le charmant auteur du poème de *l'Imagination* dépeint une belle démarche, et nous fait sentir le pouvoir qu'elle exerce sur nous.

« Quand Vénus dans un bois se révèle à son fils,
Ce qui lui fait d'abord reconnaître Cypris,
Ce ne sont point ses traits, ses yeux, sa blonde tresse ;
Elle marche, et son port a trahi la déesse :
Tant l'art de se mouvoir à des charmes pour nous !
Tantôt lent, tantôt vif, ou plus fort, ou plus doux,
Dans ses effets divers, mais jamais arbitraires,
Le mouvement nous plaît par des aspects contraires. »

Soyez assis sur vos hanches, et ouvrez-les pour faciliter les développemens des jambes. Tournez vos genoux, et parvenez à les bien plier et à les bien tendre.

Ils faciliteront par là tous les mouvemens des temps et des pas. Que vos pieds soient toujours en dehors, que vos coude-pieds acquièrent de la souplesse et en même temps de la force, chose que vous donneront les pliés et les relevés sur les pointes, et les changemens de jambes. Les pointes doivent être basses et fermes, et qu'elles aident à donner de l'expression aux pas, et à faire sentir la mesure. Enfin, que tous vos pas soient bien liés et moelleusement faits.

MANIÈRE DE SALUER.

Après que l'on aura marché, il faudra s'arrêter de manière que le corps soit d'aplomb sur la jambe qu'on aura en avant. Ensuite, dégagez l'autre qui est restée en arrière, et faites qu'elle passe à la quatrième position derrière, à la troisième et à la seconde. Dans cette dernière position portez le corps sur cette jambe, et ramenez l'autre à la première position, les talons l'un contre l'autre, et les pointes entre le dehors et le dedans. Voyez fig. 65. Après avoir bien tendu les genoux, inclinez le corps comme dans la même *figure*. Que vos bras tombent naturellement, et que la tête soit penchée sans affectation. Il faut que le mouvement du corps soit facile et aisé. Lorsque vous aurez salué, relevez-vous doucement, reprenez votre position et votre maintien ordinaires; dégagez en arrière la jambe qui s'était placée à la première, et portez-la à la quatrième, derrière en y transportant tout le poids du corps. Soit pour recommencer le salut, soit pour continuer votre marche, partez toujours du pied qui est resté devant. Habituellement, et dans la société, où il ne règne point une étiquette absolue, on ne fait le salut qu'à la troisième position, mais les pieds toujours placés entre le dedans et le dehors. Voyez la fig. 64.

Les dames, pour faire leur révérence, devront s'y prendre de la même manière que les cavaliers, excepté qu'elles s'inclinent après que le pied a passé à la première position pour s'arrêter à la quatrième derrière; là, les deux genoux se plient alors que le corps et la tête s'inclinent pour saluer. Voyez la fig. 63.

Pour les groupes et la manière de se tenir les mains en dansant, voyez les fig. 66 et 67. Autres positions et attitudes des dames et des cavaliers dans l'exécution des quadrilles. Voyez la fig. 68, voir aussi les fig. 62 et 64.

DES PAS

DONT SE COMPOSE LA DANSE POUR LA VILLE.

DU CHANGEMENT DE JAMBES.

Que le corps, la tête et les bras se placent dans la position de la fig. 3, et que les pieds se croisent à la cinquième position, comme le représente la fig. 4, de la même planche; ensuite, pliez les genoux jusqu'à la position de la fig. 9, et que le corps descende perpendiculairement sur les deux pieds. Enlevez-vous sans vous arrêter, et, en quittant terre, passez également les jambes l'une à la place de l'autre, et, de cinquième en cinquième position. Dans l'exécution de ce temps les genoux doivent être tendus, et les pointes des pieds très-basses, comme dans la position de la fig. 52. En retombant à terre il faut que la souplesse des coude-pieds évite au corps une chute saccadée, afin que ce mouvement soit léger; les pieds se replacent à la cinquième position.

Le changement de jambe est un temps d'exercice, et qui s'emploie fréquemment aussi dans les enchaînemens de la contre-danse. L'exécution en est avantageuse, en ce qu'on en obtient la force, la souplesse et la légèreté. Ce temps est encore agréable lorsque les jambes sont bien tournées en dehors, que les pieds se croisent également, et que les pointes bien baissées forment un espèce d'arc.

DE L'ASSEMBLÉ.

Toutes les fois que l'on se prépare soit pour l'exécution d'un pas quelconque, ou d'une contre-danse, on doit se placer dans la position que nous avons indiquée au commencement de la démonstration du pas du *changement de jambe.* Que cela serve de règle générale. La pose du corps, de la tête, et des bras de la fig. 3, ainsi que la position des jambes de la fig. 4, seront toujours rigoureusement observées par les exécutans avant de commencer à danser.

Pour l'exécution de l'*assemblé,* pliez sur les deux jambes, ensuite et en portant tout le poids du corps sur la jambe qui est placée devant, dégagez, en glissant la jambe qui est derrière jusqu'à la seconde position; tendez-la tout-à-fait et baissez la pointe, sans bouger la jambe qui est posée à terre. Ensuite relevez-vous sur celle-ci; enlevez-vous par la tension du genou : en retombant, ramenez devant la jambe qui était développée à la seconde, et fermez le temps à la cinquième position, celle que vous aviez en commençant.

Ce temps, ainsi que tous les autres temps de la danse, se fait également d'une jambe et de l'autre. L'assemblé se fait aussi en arrière; et pour cela, au lieu de dégager la jambe qui est derrière et la rapporter devant, on dégage celle qui est devant, et on la rapporte derrière.

DU JETÉ.

Ce temps se prend comme celui de l'*assemblé* et s'exécute de même, si ce n'est cependant, qu'au lieu de retomber sur les deux pieds on ne retombe que sur un seul, et dans la position de la fig. 40, et la différence encore que le pied qui est posé sur la malléole de l'autre, doit être derrière. On dégage ce pied pour faire le *jeté* de l'autre jambe.

Pour faire des *jetés* en arrière on dégage la jambe qui est devant; et c'est alors que le pied qui se place sur la malléole de celui sur lequel retombe tout le corps, se trouve exactement conforme à la figure que nous avons indiquée.

DE LA SISSONE DEVANT ET DERRIÈRE.

On commence ce pas presque de la même manière que l'*assemblé* ; mais en ramenant la jambe qu'on a dégagée, à la cinquième position, il faut plier plus subitement les genoux, et, en s'élevant, dégager de suite l'autre jambe à la seconde de côté, et ressautant sur la jambe qui est à terre, ramener celle qui a fait la *sissone* à la cinquième devant pliée. De là on relève pour faire la sissone de l'autre jambe.

Pour l'exécution de ce temps en arrière, on assemble, c'est-à-dire, on réunit les jambes derrière, et on développe la jambe de devant. Il faut, dans l'exécution de tous les pas, que les pieds et les genoux soient en dehors, les pointes très-basses, tous les mouvemens faciles et gracieux, le corps et les bras bien épaulés et placés selon la règle.

DES PAS DE BOURRÉE DESSUS ET DESSOUS, OU EN AVANT ET EN ARRIÈRE.

Dégagez la jambe qui est derrière comme pour faire un *assemblé* devant; arrêtez-vous un instant après que la jambe s'est développée jusqu'à la seconde, et que l'autre jambe est pliée comme dans la figure 3; ensuite, en vous relevant, ramenez la jambe qui est à la seconde devant à la cinquième position sur les pointes, et tendez les genoux. Après, détachez la jambe qui est derrière jusqu'à moitié seconde, remenez encore devant celle sur laquelle est posé le corps, et détachez une seconde fois l'autre jambe, en la fixant à la seconde élevée de terre. Ce sera avec celle-ci que vous ferez le *pas de bourrée dessus* de l'autre jambe. Ces deux petits pas doivent être précipités et ne former qu'un seul temps dans la mesure de l'air de la contre-danse.

Pour faire ce pas en arrière, on dégage la jambe qui est devant et on la rentre derrière, en éloignant celle de devant toujours à la distance d'un demi-pied à la seconde, et de nouveau l'on ramène la jambe qui a été dégagée en premier, et l'autre, remplacée par celle-ci, se porte à la seconde, d'où elle recommence l'autre pas de bourrée. Ainsi l'on fait ces pas alternativement d'une jambe et de l'autre, soit pour se porter en avant, soit pour aller en arrière.

L'exécution des *pas de bourrée* est d'un effet très-brillant, même au théâtre (1).

---

(1) Ces pas sont du genre *terre-à-terre*, dans lequel M. Gardel excellait.

mais il faut qu'ils soient faits des bouts des pointes, et avec rapidité : ils s'entraînent facilement avec les autres pas, et l'on peut encore, en les faisant aussi de côté et en avant, en composer tous les enchaînemens d'une contre-danse. Ce pas sied parfaitement aux dames : il doit être accompagné avec grâce des mouvemens du corps et des bras.

DE LA GLISSADE DESSUS ET DESSOUS.

Pour faire la *glissade dessus*, il faut dégager, en glissant, comme dans l'assemblé, la jambe qui est derrière jusqu'à la seconde position, sans que la pointe du pied quitte terre; ensuite enlevez-vous sur la jambe qui était pliée, et, jetant le corps et retombant sur celle qui est développée, ramenez, en glissant, l'autre jambe à la cinquième position derrière.

La *glissade dessous* se fait de la même

manière, excepté qu'il faut dégager la jambe qui est devant, et qu'en rapprochant l'autre devant elle, cette jambe se place en arrière.

(Plan chorégraphique de ce pas : *ligne horizontale.*)

DU CHASSÉ EN AVANT ET EN ARRIÈRE.

Haussez-vous d'abord sur les deux pointes, comme dans la position de la figure 5; ensuite redressez-vous, et pliant, dégagez en glissant la jambe qui est devant, et placez-la à la quatrième position tout-à-fait devant, comme dans la fig. 6, mais toujours plié. En vous relevant, ramenez la jambe qui est derrière, à la cinquième position, et relevez sur les pointes.

Pour faire le *chassé en arrière* on dégage la jambe qui est derrière.

DU CHASSÉ DE CÔTÉ, DESSOUS ET DESSUS.

Pour le *chassé dessous*, relevez sur les pointes, redescendez en pliant et dégageant, tout en glissant, la jambe qui est devant à la seconde position pliée : en vous relevant, jetez le corps sur cette jambe, et ramenez l'autre jambe derrière à la cinquième position sur la pointe.

Le *chassé dessus* se fait par le même moyen; mais on doit l'achever en ramenant la jambe devant.

(Plan chorégraphique de ce pas : *ligne horizontale.*)

DES ENCHAINEMENS

DE LA

CONTRE-DANSE.

Premières positions et premières figures des exécutans de la contre-danse ; voyez fig. 69, 70, 71, 72.

PREMIER ENCHAINEMENT.

Pour aller en avant.

Deux chassés en avant, un jeté devant, et un assemblé devant. Chaque pas doit être fait sur chaque temps de la mesure de l'air, lequel ne peut être qu'à deux-quatre, 2/4, ou bien à six-huit, 6/8. — Deux mesures.

(Plan chorégraphique de ce pas : *ligne droite.*)

Pour aller en arrière.

Deux chassés en arrière, un jeté derrière et un assemblé derrière.—Deux mesures.

(Plan chorégraphique : *ligne droite.*)

SECOND ENCHAINEMENT.

Pour traverser.

Faites deux chassés du pied droit, mais au lieu d'échapper le second en ramenant la jambe qui est derrière, à la cinquième position, dégagez-la, et qu'elle fasse à son tour le même pas, terminé de la même manière, pour que l'autre le refasse encore une fois; et qu'enfin, le pied gauche resté en l'air exécute un jeté devant et un assemblé devant : ce qui termine cet enchaînement. —Quatre mesures.

(Plan chorégraphique : *ligne oblique qui se courbe.*)

TROISIÈME ENCHAINEMENT.

Pour aller à droite.

Chassez dessous, chassez dessus, un jeté devant et un assemblé devant.—Deux mesures.

Pour aller à gauche.

Le même enchaînement, mais exécuté de l'autre jambe.—Deux mesures.

(Plan chorégraph. : *lignes horizontales.*)

QUATRIÈME ENCHAINEMENT.

Pour balancer.

Faites trois fois *assemblé* devant et relevez sissone, et de la jambe qui est à la seconde, faites jeté devant et assemblé.—Quatre mesures.

CINQUIÈME ENCHAINEMENT.

Tour de deux mains.

Le cavalier et la dame, placés vis-à-vis l'un

de l'autre, et se donnant les deux mains, feront, en tournant à droite et sur place, le même enchaînement du *traversé ;* c'est-à-dire, trois *chassés*, un jeté, et un assemblé : ils termineront cet enchaînement vis-à-vis l'autre couple, comme dans les figures 70 et 72. — Quatre mesures.

(Plan chorégraphique : *un cercle.*)

SIXIÈME ENCHAINEMENT.

Dos-à-dos.

Un cavalier, faisant comme dans le *traversé*, trois chassés, un jeté et un assemblé, décrit un demi-cercle, qu'il termine par ces deux derniers pas, à l'endroit où il finit ordinairement le chassé à droite. La dame de vis-à-vis fait en même temps le même pas, et l'achève par conséquent du côté opposé à celui du cavalier. Tous les deux en épaulant cet enchaînement, passent dos-à-dos, et croisent ainsi jusqu'à leurs places. — Quatre mesures.

(Plan chorégraphique : *deux demi-cercles*..

SEPTIÈME ENCHAINEMENT.

Chassé croisé, chassé croisé huit.

Un cavalier fait avec sa dame de vis-à-vis, chassé de côté, deux sissones et un assemblé. Ils répètent le même enchaînement pour repasser à gauche.

Chassé croisé quatre.

Un cavalier et sa dame font le même enchaînement avec le cavalier et la dame de vis-à-vis.

Chassé croisé les huit.

Tous les huit danseurs font le même

enchaînement. Les cavaliers doivent, lorsqu'ils croisent avec eux, passer toujours derrière les dames. — Huit mesures.

(Plan chorégraph. : *lignes horizontales.*)

HUITIÈME ENCHAINEMENT.

Chassé sur les côtés.

Un cavalier donnant la main droite en main gauche de sa dame, fait avec elle chassé, jeté et assemblé, en se mettant en face du cavalier et de la dame qui sont à leur droite, et ils décrivent ainsi un quart de cercle. Quelquefois ils font tous les quatre un demi-balancé, un tour de deux mains, et les deux premiers s'en retournent à leur place. — Quatre ou huit mesures.

(Plan chorégraphique : *deux quarts de cercles parallèles.*)

NEUVIÈME ENCHAINEMENT.

Chaîne anglaise.

Cette chaîne s'exécutera à quatre, par deux cavaliers de vis-à-vis et leurs dames. Les fig. 69 et 71 représente un cavalier et sa dame dans l'attitude de commencer cette chaîne. Cette attitude doit être la même pour l'autre couple dansant. Ces quatre danseurs quittent leurs places en faisant un chassé en avant du pied droit; alors ils se donnent la main droite en main droite: les cavaliers tournent sur leur droite, en faisant le second chassée de l'autre pied : ici ils quittent la main des dames qu'ils ont, pour reprendre celle de leurs dames qu'ils rencontrent, et continuent, en faisant le troisième chassé du pied droit, à tourner de ce même côté. Ils terminent cette figure par le jeté et l'assemblé, et reprennent leur première place à côté de leurs dames, qui, en exécutant le même enchaînement, achèvent le tour sur leur gauche. Ici se termine la demi-chaîne anglaise. — Huit mesures.

Pour faire l'autre demi-chaîne et compléter ainsi la chaîne anglaise, les deux cavaliers et les dames qui ont terminé à la place opposée à la leur, répètent le même enchaînement, et en le finissant, ils retournent à la place d'où ils sont partis en commençant.

(Plan chorégraphique : *ligne droite et demi-cercle, ligne droite et demi-cercle.*)

DIXIÈME ENCHAINEMENT.

Chaîne des dames.

Le pas de cet enchaînement est le même que celui de la chaîne anglaise. Une dame et celle de vis-à-vis lèvent le bras en l'arrondissant et se présentent mutuellement la main droite. Elles donnent ensuite la main gauche aux cavaliers, lesquels auront, en même temps, commencé le même enchaînement en avançant à leur droite pour aller retrouver les dames : et là, ils se donneront la main gauche en main gauche, et, suivant la marche des pas, ils tourneront de ce même côté gauche. A la répétition de cet enchaînement, les dames reprendront leur première place. — Huit mesures.

(Plan chorégraphique : *ligne droite et demi-cercle, ligne droite et demi-cercle.*)

ONZIÈME ENCHAINEMENT.

Demi-queue du chat.

Mêmes pas pour cet enchaînement. Un cavalier et un autre vis-à-vis présentent la main gauche à leurs dames, ou bien ils se mettent dans la position des fig. 66 et 67, et traversent les bras croisés : les cavaliers font passer leurs dames devant eux, et à leur droite, ils vont à la place opposée à la leur, vis-à-vis celle où ils ont commencé; mais en terminant l'enchaînement ils se quittent les mains, et reprennent leur position ordinaire de la contre-danse. Voyez fig. 70 et 72.—Quatre mesures.

(Plan chorégraphique : *ligne oblique et demi-cercle.*)

ENCHAINEMENS DIVERS

QUI PEUVENT ÊTRE EXÉCUTÉS DANS LA CONTRE-DANSE.

Pour aller en avant et en arrière; à droite et à gauche ; en avant et en arrière quatre; chasser sur les côtés; chasser les huit; traverser, et dos-à-dos; balancer; solo de quatre mesures, et solo de huit mesures.

EN AVANT ET EN ARRIÈRE.

Trois jetés devant et un assemblé devant; mêmes pas pour aller en arrière, c'est-à-dire, trois jetés derrière et assemblé derrière. — Quatre mesures.

Autre enchaînement.

Assemblé et sissone devant, deux fois. Pour aller en arrière : assemblé derrière et relever sissone ; assemblé derrière et changement de jambe. — Quatre mesures.

Autre enchaînement.

Trois pas de bourrée dessus et assemblé devant. Pour aller en arrière : trois pas de bourrée dessous, et assemblé derrière. — Quatre mesures.

Autre enchaînement.

Assemblé devant, sissone, pas de bourrée dessus, et assemblé devant. Pour aller en arrière : assemblé derrière, sissone, pas de bourrée dessous, et assemblé derrière. — Quatre mesures.

Autre.

Pas de bourrée dessus, et deux emboités devant, deux fois. Pour aller en arrière : pas de bourrée dessous et deux emboités derrière; pas de bourrée dessous et assemblé derrière. — Quatre mesures.

Na. *L'emboité* se fait en ramenant la jambe qui est à la seconde en l'air, derrière celle qui est posée à terre, laquelle doit être renvoyée du même temps à la seconde de côté et en l'air. Il faut deux de cette espèce de petits battemens pour faire un temps de la mesure.

Autre.

Pas de bourrée dessus deux fois et trois petits emboités devant, lesquels pas emboités se font sur une mesure. Pour aller en arrière : pas de bourrée dessous deux fois, jeté derrière et assemblé derrière.— Quatre mesures.

Toutes ces combinaisons peuvent aussi s'employer dans les *en avant et arrière deux fois;* les *en avant quatre;* les *chassés sur les côtés;* les *solo* de quatre mesures; les solo de huit mesures. Dans ces derniers solo on répète deux fois l'enchaînement, comme aussi pour l'*en avant et en arrière deux fois.*

Ces enchaînemens, de même que les suivans, peuvent s'entremêler aux enchaînemens ordinaires de la contre-danse.

C'est au goût des danseurs à savoir les varier.

POUR LE CHASSÉ DÉCHASSÉ, OU A DROITE ET A GAUCHE.

Glissade dessous et glissade dessus; deux fois. Pour revenir à gauche : glissade dessus et glissade dessous, deux fois. — Quatre mesures.

Autre enchaînement.

Glissade dessous, glissade dessus, assemblé derrière et deux petits changemens de jambe. Ces deux changemens de jambe doivent être précipités et faits sur un seul temps de la mesure. Pour aller à gauche : glissade dessous, glissade dessus, assemblé et deux petits changemens de jambe. — Quatre mesures.

Autre.

Glissade dessous et deux petits changemens de jambe; glissade dessus et deux petits changemens de jambe. Pour aller à gauche : glissade dessus et deux petits changemens; glissade dessous et deux petits changemens de jambe. — Quatre mesures.

Autre.

Jeté de côté, pas de bourrée dessous, jeté devant et assemblé devant. Mêmes pas pour revenir à gauche.

Autre.

Jeté de côté, pas de bourrée dessous, assemblé derrière et deux petits changemens de jambe. Mêmes pas pour aller à gauche.

Na. Toutes les fois qu'un pas est suivi des deux petits changemens de jambe, il doit être achevé plié, pour pouvoir du même temps, en relevant, commencer les deux changemens de jambe sans faire le temps de la préparation ordinaire; ce qui ajouterait un temps de trop à la mesure.

Pour faire le *jeté de côté*, pliez à la cinquième position et dégagez le pied qui est devant, à la seconde de côté, et, en vous relevant, jetez le poids du corps sur ce pied et retombez à la distance de seconde, la jambe gauche en l'air. Celle-ci exécute alors le temps qui suit le jeté de côté. Ce même enchaînement s'exécute pour le *chassé les huit.*

Il ne faut point oublier que tous les autres enchaînemens de la contre-danse se commencent en étant placé à la cinquième position, le pied droit devant, et s'achèvent toujours à cette même position.

POUR LE TRAVERSÉ.

Trois jetés devant et assemblé devant, deux fois. — Quatre mesures.

Autre enchaînement.

Glissade dessous et jeté devant, trois fois; glissade dessous et assemblé devant. — Quatre mesures.

Autre.

Deux jetés devant, un assemblé devant, et un changement ou deux petits changemens de jambe deux fois. — Quatre mesures.

Autre.

Pas de bourrée dessus, et deux petits emboités en avant quatre fois. — Quatre mesures.

POUR LE BALANCÉ.

Trois jetés en avant et un assemblé devant, trois jetés en arrière et un assemblé derrière. — Quatre mesures.

Autre enchaînement.

Assemblé et sissone en avant deux fois; assemblé et sissone en arrière, jeté et assemblé derrière. — Quatre mesures.

Autre.

Quatre pas de basque sur place. — Quatre mesures.

Autre.

Deux pas de bourrée et trois petits emboités en avant presque sur la même place. Répétez les mêmes pas en arrière et achevez la jambe droite devant pour pouvoir commencer le tour des deux mains. — Quatre mesures.

Autre.

Assemblé et deux petits changemens de jambe en avant, deux fois. Les mêmes pas pour aller en arrière. — Quatre mesures.

POUR LE DOS-A-DOS.

Jeté de côté et pas de bourrée, trois fois; jeté devant et assemblé devant. Les mêmes pas pour le faire à gauche et revenir là où l'on a commencé. — Huit mesures.

Autre enchaînement.

Pas de bourré en dessus et deux petits emboités, quatre fois. Même enchaînement de l'autre jambe pour reprendre la place primitive. — Huit mesures.

OBSERVATIONS GÉNÉRALES

SUR LES ENCHAINEMENS DES CONTRE-DANSES.

Tous ces enchaînemens peuvent se varier à l'infini, par la disposition des pas : nous nous sommes bornés à en donner quelques exemples. Le maître ou l'élève intelligent saura, avec du goût et de l'exercice, rendre agréable cette variété.

Il est essentiel que tous les enchaînemens soient bien adaptés à l'air; que les temps de la danse soient faits avec précision sur les temps de la musique : on doit sur-tout s'attacher à bien dessiner le plan chorégraphique de chaque enchaînement, et à suivre les lignes géométriques que nous avons indiquées. Il ne faut pas que le genre des différens pas altère ces figures. Ce qui captive le plus agréablement l'attention dans une contre-danse, c'est de voir plusieurs personnes posées gracieusement se mouvoir d'un côté et de l'autre, s'entrelacer dans tous les sens, et, suivant des directions différentes, tracer des figures qui se dessinent agréablement à l'œil. Faisons observer ici que les cavaliers doivent toujours être occupés de leurs dames, ne jamais les négliger, et montrer ainsi que le plaisir de la danse n'est pas le seul qu'ils trouvent près d'elles. Les cavaliers doivent aussi les mêmes égards aux dames de vis-à-vis, lorsqu'ils dansent avec elles.

FIGURES DES CONTRE-DANSES

QUI S'EXÉCUTENT GÉNÉRALEMENT.

Dans l'exécution de ces contre-danses, observez le plan chorégraphique des pas et des enchaînemens, tel que nous l'avons tracé dans la description précédente. Attachez-vous, en même temps, à suivre le nombre des mesures indiquées.

CONTRE-DANSES ANCIENNES.

LA POULE.

Première figure.

Le cavalier et la dame font le *traversé*, et se donnent la main droite au second *chassé*. — Quatre mesures.

Deuxième figure.

Les mêmes changent de mains, et traversent du même côté en se donnant la main gauche. Ils terminent cet autre *traversé*, sans se quitter la main, de côté, au milieu de la contre-danse. — Quatre mesures.

Troisième figure.

Le même cavalier et la même dame donnent la main droite en main gauche, le cavalier la présente à la dame, et la dame à son cavalier. Voyez la fig. oo. Dans ce groupe, tous les quatre font *balancé.* — Quatre mesures.

Quatrième figure.

Les mêmes font la demi-queue du chat : main gauche en main gauche des deux cavaliers, à leurs dames; ils partent à droite, puis reprennent, les uns, la place des autres; ils quittent les mains au jeté et à l'assemblé. — Quatre mesures.

Cinquième figure.

Chassé en avant et arrière, exécuté par un cavalier et une dame de vis-à-vis. — Quatre mesures.

Sixième figure.

Enchaînement du dos-à-dos. — Quatre mesures.

Septième figure.

Un cavalier et sa dame, et un autre cavalier et la dame de vis-à-vis, vont en avant et en arrière tous les quatre. — Quatre mesures.

Huitième figure.

Les mêmes couples : demi-chaîne anglaise, on retourne à sa place. — Quatre mesures.

Les six autres danseurs répètent les mêmes figures.

LA PANTALON.

Première figure.

Un cavalier et sa dame, et le cavalier et la dame de vis-à-vis, font la chaîne anglaise. — Huit mesures.

Deuxième figure.

Les mêmes font le balancé et un tour de deux mains. — Huit mesures.

Troisième figure.

Chaîne des dames, exécutée par les mêmes. — Huit mesures.

Quatrième figure.

Ils font après la demi-queue de chat et et terminent cette figure par une demi-chaîne anglaise.

Contre-partie pour les quatre autres.

LA TRÉNITZ.

Première figure.

Un cavalier donne la main droite en main gauche à sa dame; en avant et en arrière, deux fois : on se quitte la main, et la dame, décrivant une ligne presque oblique vers le cavalier de vis-à-vis, se place à sa gauche. Son cavalier reprend seul sa place. — Huit mesures.

Deuxième figure.

Ce même cavalier exécute le *traversé*

entre les deux dames placées sur une ligne horizontale et vis-à-vis. Elles font en même temps le *traversé*, mais en ligne droite. Au dernier *chassé*, et au jeté et à l'assemblé du *traversé*, elles se croisent, et suivant le sens des pas, elles se retournent et se trouvent en face du cavalier. Tous les trois répètent la même figure, et l'achèvent en reprenant leur place respective. — Huit mesures.

Troisième figure.

Tous les quatre balancent et font tour de deux mains. — Huit mesures.

Les autres couples dansans répètent chacun à leur tour ces mêmes figures.

L'ÉTÉ.

Première figure.

Un cavalier et la dame vis-à-vis : en avant deux. — Quatre mesures.

Deuxième figure.

Les mêmes font le *traversé*. — Quatre mesures.

Troisième figure.

Ils vont de côté à leur droite et reviennent à leur gauche. — Quatre mesures.

Quatrième figure.

Ils traversent et reprennent leurs places primitives. — Quatre mesures.

Cinquième figure.

Le cavalier balance avec sa dame, et l'autre dame de vis-à-vis avec son cavalier. Tous les quatre font ensuite un tour des deux mains. — Huit mesures.

LA FINAL.

Première figure.

Un des deux couples dansant exécute un *chassée croisé*. Les cavaliers font chassé à droite, et tournent derrière leurs dames, qui alors font chassé à gauche en passant devant leurs cavaliers; demi-balancé sans tourner pour la préparation.— Quatre mesures.

Deuxième figure.

Les quatre danseurs déchassent, les

dames à gauche en repassant devant leurs cavaliers, et ceux-ci déchassent à droite, passant derrière les dames. On retourne à sa place, on répète le même demi-balancé. — Quatre mesures.

Troisième figure.

Un cavalier et sa dame de vis-à-vis, en avant deux. — Quatre mesures.

Quatrième figure.

Traversé. — Quatre mesures.

Cinquième figure.

Les chassés à droite et chassés à gauche. — Quatre mesures.

Sixième figures.

Ils retournent à leurs places par le traversé. — Quatre mesures.

Septième figure.

Les deux couples de vis-à-vis font balancé des deux mains — Huit mesures.

Huitième figure.

La chaîne des dames. — Huit mesures.

Si on remplace la chaîne des dames par le *moulinet*, elles se donnent la main droite, et dansent en décrivant un cercle. — Quatre mesures.

Ensuite les dames se prennent la main gauche, et font, en décrivant la même figure chorégraphique, et dans le sens opposé, un second tour de *moulinet*. — Quatre mesures.

Les dames, conservant toujours la même position, donnent chacune la main droite à leur cavalier, et tous les huit balancent ainsi. — Quatre mesures.

Les quatre couples dansans font le tour des deux mains et retournent à leurs places. — Quatre mesures.

Neuvième figure.

La demi-queue de chat. — Quatre mesures.

Dixième figure.

La demi-chaîne anglaise. — Quatre mesures.

Les autres danseurs répètent les mêmes figures, après quoi l'on fait *chassé tous les huit*, ce qui termine cette contredanse.

LA PASTOURELLE.

Première figure.

(Voir la première figure de la *Trénitz.*
— Huit mesures.

Deuxième figure.

Le même cavalier se trouvant placé au milieu des deux dames, il leur donne les mains, et tous trois exécutent deux fois en avant et en arrière. — Huit mesures.

Troisième figure.

L'autre cavalier, resté seul à sa place, fait, après que les autres ont terminé cette fig., deux fois en avant et en arrière, ou bien il exécute un enchaînement de pas du même nombre des temps de la phrase musicale. — Huit mesures.

Quatrième figure.

Ce cavalier et le cavalier de face, accompagné des deux dames qui sont toujours dans la même position où elles ont fini, s'avancent, en se tenant les mains ils font un demi-cercle, qu'ils terminent à la place opposée à la leur. Là, ils se quittent, et chaque cavalier a sa dame placée à côté de lui. Les quatre exécutans reprennent leurs places, en faisant une demi-chaîne anglaise. — Huit mesures.

Les six autres répètent ensuite ces figures.

DE LA CONTRE-DANSE ITALIENNE.

Cette danse est très en vogue dans le pays qui l'a inventée, et elle le fut aussi en France, il y a trente ans. En Angleterre, elle se danse généralement, et elle est de beaucoup antérieure aux *quadrilles françaises*.

La musique italienne introduite dans ce pays, y apporta cette danse, laquelle, ainsi que plusieurs airs de cette musique, y fut naturalisée de même qu'en Ecosse. Il ne serait pas impossible que cela fut en partie l'ouvrage du fameux musicien Piémontais David Rizzio, lorsqu'il fit connaître à l'un des royaumes de la Grande-Bretagne, la musique. Le rythme de plusieurs de ses airs, paraît être le même que celui adopté par la *contre-danse italienne ;* il est vif, pressé et très-marqué, la mesure en est à $^2/_4$ ou à $^6/_8$. C'est la mesure la plus dansante, et celle adoptée par les Anglais, étant plus propre à les mouvoir et à les animer, soit au chant ou à la danse.

Nous croyons que la *contre-danse italienne* ne peut être exécutée que par vingt-quatre personnes au moins ; car un nombre au-dessous de celui-ci, nuirait à la variété et au brillant de son exécution. Mais plus il y a de danseurs, et plus cette danse devient agréable.

Les hommes se placent tous du même côté et sur une ligne droite ; les dames se placent vis-à-vis et dans la même direction. Le plan chorégraphique de cette position des cavaliers et des dames, c'est *deux lignes droites*, séparées par un espace d'environ trois pas. Chaque cavalier reconnaît la dame de vis-à-vis pour la sienne ; et il en est de même pour les dames. Le cavalier et la dame qui sont chefs de file, commencent (*exemples de quelques figures*) : ils font en avant deux, dos-à-dos, balancé et tour des deux mains. Ensuite ils se prennent les mains comme dans la figure 66, et par des glissades, des chassés ou des jetés d'une jambe et de l'autre, s'en vont toujours en suivant la mesure, à l'autre bout de la file, et s'y placent les derniers. La dame et le cavalier qui étaient à leur côté répètent la même figure et la terminent comme eux, en se placant tout-à-fait au bout de la file et deviennent à leur tour les derniers. Contre partie pour les autres couples dansans. Après que le quatrième couple a exécuté ses figures, le premier reprend la danse et les autres couples la suivent dans l'ordre indiquée. Sans cela ils resteraient trop long-temps sans danser, ce qui refroidirait la contre-danse.

Autre figure. Deux cavaliers et deux dames font en avant quatre, chassé-déchassé, traverser ou chaîne, et le moulinet. Ensuite le premier cavalier et la première dame, se prenant les mains, comme nous l'avons dit, s'en vont au bout des deux files et se placent les derniers. L'autre cavalier et l'autre dame, qui ont dansé avec eux, répètent la même figure, avec le cavalier et la dame qui sont à leur côté. Ensuite ils vont se placer à l'extrémité des deux files, et l'autre couple exécute alors la même figure avec le cavalier et la dame des côtés.

Les *contre-danses italiennes*, comme on le voit, se sont emparées des figures des *contre-danses françaises*, et par conséquent elles peuvent, selon le goût de ceux qui les exécutent, se varier à l'infini, en y introduisant les pas, les enchaînemens et les figures des contre-danses ordinaires.

NOUVELLE CONTRE-DANSE ITALIENNE.

On pourrait aussi, pour varier la figure principale des contre-danses italiennes, au lieu de placer les danseurs sur deux *lignes droites*, les placer sur deux *grands ronds*, l'un dans l'autre. Les dames se placeraient sur celui dedans, et les cavaliers sur celui de dehors. Je crois que l'effet qui résulterait de la danse des exécutans ainsi placés, ne serait point désagréable. Cette nouvelle figure pourrait servir à rompre la monotonie de la première.

La contre-danse italienne porte une empreinte de gaîté que n'ont pas les autres danses en général, en ce qu'elle est toujours exécutée par un grand nombre de personnes. C'est aussi par cette raison qu'elle offre plus de moyens de récréation aux grandes sociétés, que les quadrilles, lesquelles ne se composent que d'un nombre déterminé de sujets.

NOUVEAU GENRE DE CONTRE-DANSES.

On a tâché, en composant ces quadrilles, de s'écarter tout-à-fait de l'ordinaire, en les rendant beaucoup plus variées dans leurs figures, et en faisant que leur plan et leur marche correspondent à leurs titres, en montrant l'analogie qui règne entr'eux. Ainsi, indépendamment de l'attrait qu'elles pourront avoir pour les yeux, ces quadrilles diront quelque chose à l'esprit. Nous les ferons précéder de leurs petits programmes qui en expliqueront d'abord le sujet.

LA FOLATRE.

Rire sans cesse avec tout, se faire un jeu de tout, c'est le caractère des personnes folâtres. Mais leurs caprices, leur inconstance et leur légèreté, n'ont pour but que le simple plaisir.

Fig. 1re. *Demi-chaîne anglaise.*

2e. *Balancé.*

3e. *Demi-chaîne anglaise.*

4e. *Balancé.*

5e. *En avant les quatre cavaliers.*

6e. *En avant les quatre dames.*

7e. *Chassé croisé tous les huit.*

8e. *Chaîne des dames.*

9e. *Chassé quatre sur les côtés, balancé, tour des deux mains.*

10e. *Ensuite les deux couples se retournent, font chassé en avant quatre, et reprennent leur place en faisant chassé.*

Fig. 11e. *Balancé tous les huit, et tour des deux mains. Contre-partie pour les six autres.*

LE CALIFE.

Le seigneur de l'Orient, plongé au milieu des délices, est souvent embarrassé du choix de ses plaisirs. Quelquefois fatigué de ses jouissances, l'ennui s'empare de lui; mais l'amour par sa puissance irresistible, lui indiquant parmi ses belles esclaves celle qui doit le rendre heureux, il la choisit, et, par une charmante union il renaît au bonheur de la vie.

Fig. 1re. Cavalier (*) *en avant et en arrière.*

2e. *Dame de vis-à-vis en avant et en arrière.*

(*) Acteur principal.

Fig. 3e. *Même figure pour les trois autres dames. Elles doivent terminer le chassé en avant en face du cavalier, et puis après revenir à leur place..*

4e. *Le même cavalier et les trois dames vont en avant, font tour de deux mains et rentrent à leur place.*

5e. *Le cavalier balance avec sa dame et tous deux font tour de main.*

6e. *Le cavalier fait chassé sur les côtés, balance, et fait tour de main avec la dame. Il répète la même figure avec les deux autres dames.*

7e. *Le même fait balancé avec sa dame, lui donne les deux mains, et ils font le grand-rond.*

Contre-partie pour les six autres.

LES BACCHANTES.

Pleins d'une aimable ivresse, les suivans de Baccus et leurs compagnes se livrent à la joie la plus vive. Ils s'élancent au milieu du cercle, ils bondissent, ils volent de toutes parts. Par fois Momus semble guider leurs pas et leurs enchaînemens. Ils s'abandonnent avec transport à la danse la plus vagabonde et la plus brillante.

Fig. 1re. *Chassé tous les huit, balancé et revenir à sa place.*

2e. *Les cavaliers et les dames se donnent et croisent les mains, et font le grand rond.*

3e. *En avant quatre.*

4e. *Chaîne anglaise.*

5e. *Balancé.*

6e. *Tour des deux mains.*

7e. *Les quatre dames dansent chacune à leur tour un solo de quatre mesures.*

Fig. 8e. *Même figure pour les cavaliers.*
9e. *Chassé en avant et en arrière tous les huit.*
10e. *Chassé croisé tous les huit.*

LA TRIOMPHANTE.

En vain toute l'adresse, toute la ruse, et quelques moyens de force, sont mis en œuvre par les hommes pour vaincre une belle, si son cœur abhorrant une chaîne, ne respire que la liberté. Les efforts de ceux qui prétendent la soumettre à l'esclavage, augmentent son courage, et bientôt elle en triomphe glorieusement.

Fig. 1re. *Chaîne anglaise pour les quatre.*
2e. *Même figure pour les quatre autres.*
3e. *Trois cavaliers font chacun à leur tour, en avant deux, demi-balancé et tour de main. Mais le* DAME *ne fait que deux mesures*

du tour de main ; elle se débarrasse du cavalier, se place au milieu de la danse, et exécute quatre mesure. Ensuite elle revient à sa place.

Fig. 4e. *Son cavalier fait balancé et tour des deux mains avec elle.*

5e. *La* DAME *quitte le cavalier, se remet au milieu de la danse, et exécute un solo de 4 mesures.*

6e. *Tous les cavaliers vont en avant, se donnent la main et tiennent ainsi renfermée la* DAME. *Ils balancent, tournent autour ; elle se dégage d'eux, et chacun s'en retourne à sa place.*

Contre partie pour les six autres.

LE PETIT MAITRE.

Tel qu'un papillon qui vole de fleur en fleur, sans qu'aucune puisse l'arrêter, le Petit Maître vole de belle en belle, sans jamais fixer son cœur. Il est aimable, brillant; souvent il plaît, et il le sait fort bien. Il abuse de celles qui se laissent éblouir par ses dehors sémillans. Mais on finit par le connaître. On voit qu'il s'aime bien plus qu'il n'aime les autres. On s'amuse de sa légèreté, on rit de sa vanité, et quelquefois il devient victime de ses tromperies et de son amour-propre.

Fig. 1re. CAVALIER *seul, le grand-rond.*
2e. *Le* MÊME, *solo de huit mesures.*
3e. *En avant deux avec la dame de vis-à-vis, et dos-à-dos.*
4e. *Le* CAVALIER, *la même figure avec les trois dames.*
5e. *Chassé-croisé huit.*
6e. *Le même* CAVALIER *va en avant et en arrière avec les deux dames qui sont sur les côtés. Ils font balancé tous les trois, et retournent à leur place.*
7e. *Tours des deux mains pour les huit.*

LA JALOUSE.

La jalousie, compagne presque inséparable de l'amour, nous tourmente sans cesse; et même au sein des plaisirs nous ressentons ses cruelles atteintes. Toujours fixés sur un sujet chagrinant, toujours agités par la crainte, le repos fuit loin de nous. Nous ne quittons point les traces de l'objet de notre tendresse, nous épions sans relâche jusques à la moindre et à la plus innocente de ses actions; effrayés des fantômes que nous nous créons, dans l'instant même que nous le pressons dans nos bras, nous pleurons sa perte.

Nous souffrons, il souffre, et bien des fois l'exès de notre amour, nous l'enlève pour jamais.

Ceux-là sont heureux qui même après une séparation, peuvent ramener leur objet à ses premiers sentimens, et en jouir avec tranquillité. Mais plus heureux encore ceux dont la confiance sait dégager l'amour de ses peines.

Fig. 1re. *Un cavalier et sa* DAME *vont en avant et en arrière.*

2e. *Même figure pour les autres couples.*

3e. *Deux cavaliers et deux dames de vis-à-vis vont en avant tous les quatre.*

4e. *Ils font le moulinet.*

5e. *Les dames de ces cavaliers vont en avant, font un demi-balancé, un tour des deux mains, et retournent à leur place.*

6e. *Un cavalier fait chassé sur les côtés et balance avec la* DAME. *Ensuite il fait un tour des deux mains; mais sa* DAME *l'ayant rejoint par un chassé en avant, et qu'elle achève en même temps que lui,*

lui donne les deux mains, et l'enlève ainsi à l'autre dame. Tous deux s'en retournent à leur place.

Fig. 7e. *Le même cavalier répète la même figure avec les trois autres dames.*

8e. *La* DAME *de ce cavalier s'unissant à lui, ils font le grand rond en se donnant la main. Revenus à leur place, ils balancent et font tour de main.*

9e. *Chaîne anglaise.*

10e. *Même figure pour les quatre autres.*

11e. *Moulinet tous les huit.*

LA COQUETTE.

Plaire à tous les hommes, s'étudier à les prendre dans ses séduisans filets, et puis après s'en moquer, c'est le caractère d'une coquette, c'est là où tendent tous ses desirs. Que l'on s'en méfie, c'est une sirène qui trompe et punit. Mainte fois, alors que vous croyez la tenir, elle vous échappe et vous laisse des regrets; souvent aussi elle trouve celui qui venge ceux qu'elle a déçu dans leur amour. Elle aime, elle souffre, elle est malheureuse! Mais son sort n'inspire point de pitié. Il faut abandonner une coquette à ses caprices, et s'amuser de ses bizarreries.

Fig. 1re. *Chassé tous les huit en avant.*

2e. *Demi-balancé.*

3e. *Tour des deux mains et revenir à sa place.*

4e. DAME *seule, chassé sur les côtés. Demi-balancé avec la dame et le cavalier, et tour des deux mains, avec le cavalier. La* DAME *répète la même figure avec les deux autres couples, et retourne à sa place.*

5e. *La même, solo de huit mesures.*

6e. *Elle donne les mains à son cavalier, et ils font le grand rond, le balancé, et le tour de mains.*

Fig. 7e. *Chassé les huit.*

Contre-partie pour les six autres.

L'AURORE.

Fig. 1re. *Dame et cavalier, chassé sur les côtés. Demi-balancé avec la dame et le cavalier de vis-à-vis.*

2e. *Tour des deux mains et revenir à sa place.*

Contre-partie pour les six autres.

3e. *Dame, solo de huit mesures.*

4e. *La même dame traverse avec le cavalier de vis-à-vis. Ils retraversent et font balancé en se donnant la main droite en main droite, l'une avec son cavalier, l'autre avec sa dame. Puis après tour des deux mains.*

5e. *Le grand-rond.*

Contre partie pour les six autres.

LA VIRGINIE.

Fig. 1re. *Balancé tous les huit.*
2e. *Tour de main.*
3e. *Cavalier, solo double.*
4e. *Dame, solo double.*
5e. *Demi-queue du chat.*
6e. *Le grand rond en se donnant la main.*
7e. *En avant et en arrière tous les huit*
8e. *Chassé déchassé huit.*

DE LA WALSE.

La walse, ainsi que nous l'avons déja dit, nous vient de la Suisse. Les habitans de ce pays en ont fait leur danse chérie. Ensuite, les Allemands s'en emparèrent avec transport et la naturalisèrent chez eux. Cette danse a été aussi très en usage en France et en Italie; mais elle paraît perdre aujourd'hui la vogue qu'elle avait naguère en France.

Cependant, lorsque la walse est exécutée avec précision, grâce, décence, et que les pas en sont tournés avec souplesse et faits sur la demi pointe, que les temps sont bien emboités et bien marqués, et qu'enfin le mouvement un peu ondoyé du corps et des bras accompagne le mouvement des jambes et celui du tourner, cette danse, dis-je, peut plaire, et servir comme d'intermède aux contredanses. D'ailleurs elle donne de la variété, et c'est un motif de plus pour ne pas l'exclure tout à fait des bals de société.

L'air de la walse est à trois temps, $^3/_4$ ou bien $^3/_8$. Les temps et les pas de cette danse se font sur cette mesure.

Pour l'ordinaire, avant de commencer la walse, le cavalier est placé à la gauche de la dame, et lui tient de la main droite presque la taille. Observons qu'il doit, dans cette position, plutôt avoir l'air de la soutenir gracieusement, que de la tenir. La dame semble s'appuyer de son bras gauche sur l'épaule de son cavalier. Elle doit mettre une espèce d'abandon dans cette pose. Le cavalier lui prend avec grâce la main droite ; tous deux placent leurs pieds à la cinquième position; mais le cavalier a le pied droit devant, et la dame le pied gauche.

Le cavalier, pour faire le premier pas de la wâlse, doit dégager le pied gauche qui est derrière, en décrivant un *demi-cercle*, et le placer à la quatrième position du côté de la dame; il rapproche ensuite à la cinquième position derrière l'autre pied qui est resté en arrière, et, tournant sur l'extrémité des pointes, il fait moelleusement une espèce de changement de jambe, sans que ses pointes quittent terre, et il se place à la cinquième. Pendant que le cavalier fait ces trois temps sur une mesure de l'air, la dame porte à moitié de la quatrième position le pied qui est devant; ensuite elle ramène le pied qui est resté en arrière, à la cinquième position, et après elle rapporte une seconde fois en avant et à moitié quatrième, l'autre pied. Les trois temps de ce pas doivent être faits exactement sur les trois temps de la mesure de l'air. La dame, en les exécutant, doit tourner un demi-tour à droite, lequel demi-tour devra suivre celui que fera du même côté le cavalier en exécutant le premier pas.

Plan chorégraphique de ce pas : *deux demi-cercles parallèles.*

Le second pas de la walse est, pour le cavalier, le même que le premier pas que nous venons de décrire pour la dame : par conséquent, selon la règle de cette danse, le second pas pour la dame doit être le même que le premier pas du cavalier.

En exécutant ce second pas de la walse sur une mesure, les deux danseurs doivent tourner en même temps, comme dans le premier pas, et décrire la même figure chorégraphique.

L'ordre des pas que le cavalier et la dame suivent dans cette danse, est établi: 1°. pour pouvoir les faire tourner du même côté; 2°. pour empêcher que leurs pieds s'embarrassent, ce qui arriverait s'ils exécutaient mutuellement les mêmes temps à la fois.

L'accord le plus parfait doit régner entre les temps du pas que fait le cavalier et ceux que fait la dame: ils doivent aussi marquer la différence des deux pas; ainsi, lorsque l'un pirouette sur les deux demi-pointes, l'autre exécute terre-à-terre ses trois petits pas. C'est en observant ces nuances que la walse produira cet agréable mouvement ondulé.

Il faut, en tournant, que tous les temps

se succèdent également et sans saccades, et que les deux pas soient bien enchaînés l'un à l'autre. Ils doivent, tout en marquant la mesure, être moelleusement faits par le jeu facile des coude-pieds. Le corps doit être toujours bien épaulé, selon les principes de la danse, et cambré légérement en arrière. Le mouvement des deux exécutans doit être balancé sans secousse et avec élégance.

Le plan chorégraphique de la walse, est une série de *petits cercles* décrivant un *grand cercle*. Le mouvement de deux personnes qui walsent bien, dans un local quelconque, ressemble, si la comparaison m'est permise, à celui de la terre autour du soleil.

DE LA WALSE RUSSE.

La walse Russe dérive de la walse proprement dite. Le plan chorégraphique en est le même, ainsi que la manière de tourner; mais les pas sont differens.

Le cavalier et la dame se placent à la cinquième position et dans l'attitude de la walse ordinaire. Le cavalier dégage le pied droit qui est devant, et décrivant un demi-cercle en l'air, il le pose à la quatrième derrière, du côté de la dame, en se tournant presque en face d'elle. (Premier temps).

Pendant que ce pied se place moelleusement à cette position, le pied gauche passe en glissant à la seconde, à la première et à la quatrième position devant et suit le mouvement du corps. (Second temps).

Ensuite, le pied droit qui est derrière, se rapproche de l'autre à la cinquième et semble le renvoyer en avant, où il reste un instant en l'air. C'est le *troisième temps* du premier pas de cette walse. Il doit être fait en exécutant un demi-tour, et sur une mesure de l'air. Nous appelons le premier et le second temps de ce pas, *pas de basques* (*), et le troisième temps, *coupé dessous.*

Le second pas de la *russe* se fait en ramenant le pied qui est devant à la cinquième position, ce qui renvoie l'autre pied en arrière et levé de terre (premier temps); de là, pour faire le second temps, ce pied se développe à la seconde de côté et fait une glissade en restant avec l'autre pied aussi à la seconde de côté. Ce sera

---

(*) Les Basques en sont les inventeurs. Ce peuple, qui semble être fait pour la danse, soit par ses dispositions physiques, soit par un instinct qui le pousse à se livrer à cet exercice, exécute ce pas avec une grâce si naïve et donne à toute l'attitude du corps un caractère si pittoresque, que l'artiste ne peut y arriver qu'avec l'étude. Le *pas de Basque*, ou *saut de Basque*, était le pas favori du brave et joyeux Henri IV.

en ramenant ce pied-ci à la cinquième derrière, que l'on accomplira le second pas de cette walse, par son *troisième temps.* Ce dernier pas doit être fait sur une mesure et en exécutant le second demi-tour.

Dans la walse *russe*, la dame ne commence pas avec le cavalier, comme dans la walse ordinaire, elle ne part que lorsqu'il a fait le premier pas, la règle de cette danse l'exigeant, pour éviter les inconvéniens que nous avons notés dans la précédente walse. Les deux pas pour la dame sont les mêmes que ceux du cavalier. Les pas de la russe doivent être faits avec moelleux et bien en dehors, et le *pas de Basque* un peu glissé, ainsi que doit l'être la *glissade.* Ces deux temps doivent être pliés, bien fendus et nuancés. Le corps doit être épaulé avec élégance, et toujours en opposition avec celui de l'autre exécutant.

Les pas de la *russe*, par leur plié et leur

relevé, doivent produire un mouvement ondulé analogue à celui de la musique.

L'air de la russe est à trois temps, 3/4 ou bien 3/8. Le mouvement en est plus lent que celui de la walse ordinaire. Cette musique doit porter l'empreinte de celle des autres airs nationaux russe, c'est-à-dire, qu'elle doit avoir de la douceur, de la mignarderie, et quelque chose de langoureux dans la mélodie.

DE LA WALSE DITE SAUTEUSE.

Cette walse dérive aussi de la walse Allemande; elle en a le même tourner, et décrit le même plan chorégraphique.

De même que dans la walse russe, la dame attend que le cavalier ait fini le premier pas pour commencer le sien, et cela pour les mêmes raisons. Nous voyons donc dans toutes les walses que, pendant que le cavalier fait un pas, la dame en fait un autre différent.

Avant de commencer cette walse, la tenue du corps et la position des jambes sont les mêmes que celles des précédentes danses. *Premier temps* : le cavalier dégage le pied qui est devant à la quatrième et fait un pas marché. *Second temps :* de l'autre pied de derrière il fait un assemblé sauté de côté, et le termine à la cinquième derrière. En exécutant ce pas, il fait un demi-tour et se trouve en face de sa dame; alors celle-ci commence comme nous l'avons dit par le pas que vient de faire le cavalier.

Second pas; premier temps : Le cavalier relève le pied qui est derrière, et aussitôt il le porte à la même position, en renvoyant celui qui est devant à la quatrième position en avant. *Second temps:* le pied droit partant de cette position, fait un petit rond-de-jambe de côté et achève ainsi le demi-tour qui devait compléter le tour entier de la walse. La dame répète et fait alternativement ces pas avec son cavalier.

La sauteuse doit être exécutee avec facilité et légèreté, et toujours sur la demi-pointe. Que les temps soient bien distincts et bien passés.

L'air de la sauteuse est à deux temps, 2/4. A 6/8 il est plus vif, plus brillant, plus gai que celui des walses allemande et russe. Il doit avoir quelque chose de *sautillé* dans son rythme.

Chaque pas se fait sur chaque mesure de l'air, et conséquemment chaque temps de la danse se fait sur chaque temps de la musique. Ils doivent tous être marqués et frappés ensemble.

Deux danseurs qui exécutent cette danse dans les règles prescrites, et qui en suivent la musique qui leur est propre, produisent, par leurs tours rapides, le brillant de leurs temps et leurs bonds légers, l'effet le plus agréable. Ils doivent ressembler à un corps léger de forme sphérique, jeté dans une surface plate elastique, lequel corps paraît se mouvoir comme par enchantement. J'ai vu une dame qui faisait les délices de la société autant par sa danse légère et gracieuse, que par ses charmes, danser la sauteuse d'une manière extraordinairement remarquable : son corps tournait sans la moindre secousse et comme sur un pivot; ses pieds semblaient ne point toucher la terre; enfin, on aurait pu lui appliquer ce vers du cygne de Mantoue :

Illa vel intacta : segetis , per summa volaret
Gramina, nec teneras cursu læsisset aristas.

L'exécution embellit et ennoblit toute chose.

DESCRIPTION DE LA GAVOTTE.

Le cavalier et la dame, après avoir fait le salut, reprennent leur place, la dame à la droite du cavalier, et tous deux se placent à la cinquième position. Leur pose est la même que celle qu'ils ont dans la contre-danse ordinaire. Mais comme la dame exécute de la jambe opposée à celle de son cavalier les mêmes pas que celui-ci fait, conséquemment elle doit avoir en commençant, le pied gauche et à la cinquième position, tandis que le cavalier a le pied droit devant, placé à la même position.

La musique de cette danse est à deux temps, $^2/_4$. Chaque temps de la danse ne se fait que sur chaque temps de la musique.

Air de la gavotte de l'opéra de PANURGE.

PREMIER ENCHAINEMENT ET PREMIÈRE FIGURE.

Dégagez la jambe qui est devant à la quatrième position, et faites un jeté dans cette même position. En retombant sur cette jambe, développez l'autre à la seconde, assemblez devant, et faites changement de jambe. Ensuite relevez-vous, levez-vous de terre, et retombez sur la jambe de devant; le pied de derrière reste à la quatrième en l'air. Ce temps doit produire l'effet d'une espèce de sissone, mais la jambe reste en attitude derrière. Faites de la jambe gauche, qui est restée en attitude, un jeté en arrière à la quatrième, un autre de la jambe droite, qui est dans la même position, un troisième jeté, exécuté de l'autre jambe, et terminez cet enchaînement par un assemblé devant, du pied droit. Le pied droit, qui est en attitude pour faire ce pas se développe en décrivant un demi-cercle, et revient à ladite position.

Cet enchaînement se fait deux fois, la dame, comme nous l'avons observé, le fait de l'autre jambe.

Parties, mesures et reprises de l'air. — Première partie. — Première reprise. — Huit mesures.

Plan chorégraphique de l'enchaînement :

Lignes droites.

Plan de la figure des danseurs :

Deux lignes droites parallèles.

SECOND ENCHAINEMENT ET SECONDE FIGURE

Assemblé de côté à droite, et relevé sissone à la quatrième derrière, deux fois. Trois jeté en arrière et assemblé devant du pied gauche. Même enchaînement pour l'autre pied. En traversant, la dame passe toujours devant le cavalier.

Seconde reprise. — Huit mesures.

Plan chorégraphique de l'enchaînement :

Lignes horizontales et lignes droites derrière.

Plan de la figure des danseurs :

Lignes horizontales croisées, et lignes droites parallèles en arrière.

TROISIÈME ENCHAINEMENT ET TROISIÈME FIGURE.

Coupé dessous du pied gauche, jeté à la quatrième devant et un peu de côté à droite de l'autre pied. Passez la jambe gauche qui est relevée en attitude derrière, à la quatrième devant, et faites jeté devant et du côté droit. Répétez quatre fois ce pas, et à chaque dernier temps, le cavalier donne la main du côté même qui fait le jeté, à sa dame, laquelle, faisant le même pas et de la même jambe, donne par conséquent la même main au cavalier. Tous deux, en exécutant ce dernier temps, se trouvent dans la même position de la figure 68.

Le cavalier, en faisant ces quatre pas, quitte sa place, et, décrivant un demi-cercle à sa droite, il le termine en face de sa première place. La dame, à chacun de ces quatre temps, fait un demi-tour sur place, suivant le sens de son pas; la première fois elle tourne à droite, la seconde fois elle tourne à gauche, et de même pour les deux autres répétitions du pas. Toutes les fois qu'elle termine ce pas et qu'elle revient vis-à-vis son cavalier, elle lui donne la main comme dans la position indiquée. A la fin de ces quatre pas, la dame se trouve à la place du cavalier et en face de lui. Alors ils font un dégagé devant à la quatrième, et jeté en avant et à la même position deux fois; puis coupé dessous de la jambe qui est relevée en attitude derrière, assemblé devant de la jambe droite, qui doit être placée entre la quatrième devant et la seconde de côté, et changement de jambe.

Seconde partie. — Première reprise. — Huit mesures.

Plan chorégraphique de l'enchaînement :

Pour le cavalier : *un grand demi-cercle, lignes obliques à droite et à gauche, et ligne droite en arrière.* Pour la dame : *petits demi-cercles à droite et à gauche, lignes obliques à droite et à gauche, et ligne droite en arrière.*

Plan de la figure des danseurs :

Demi-cercle presque enveloppant quatre petits demi-cercles, lignes obliques à droite, opposées à des lignes obliques à gauche, et deux lignes droites se suivant dans la même direction.

QUATRIÈME ENCHAINEMENT ET QUATRIÈME FIGURE.

Même enchaîment, mêmes pas et mêmes mouvemens de corps et de bras. Mais avec la différence qu'on ne les fait plus en tournant et que l'on ne suit plus le même plan chorégraphique. Le cavalier danse en face de la dame, et tous deux ne changent de place que pour faire le jeté qui termine ces pas, soit à droite, soit à gauche, et pour reculer par les quatre jetés en arrière.

Seconde reprise. — Huit mesures.

Plan chorégraphique de l'enchaînement:

Lignes obliques à droite et à gauche, et ligne droite en arrière.

Plan de la figure des danseurs :

Lignes obliques à droite, opposées à des lignes obliques à gauche, et deux lignes droites se suivant dans la même direction.

CINQUIÈME ENCHAINEMENT ET CINQUIÈME FIGURE.

SOLO *pour la danseuse.*

Deux pas de basque en avant, deux pas de bourrée dessous, d'une jambe et de l'autre, et trois petits emboîtés. Deux fois cet enchaînement.

Troisième partie. — Première reprise. — Huit mesures.

Plan chorégraphique de l'enchaînement :

Lignes droites en avant et en arrière.

Plan de la figure de la danseuse :

Lignes droites en avant et en arrière.

SOLO *pour le danseur.*

Même enchaînement et même figure.

Seconde reprise.—Huit mesures.

SIXIEME ENCHAINEMENT ET SIXIÈME FIGURE.

Second SOLO *pour la danseuse.*

Jeté à la quatrième devant du pied droit, pas de bourrée dessous du pied gauche, encore jeté devant du pied droit, et passer le pied gauche devant à la quatrième, pour recommencer ces quatre temps de l'autre jambe. Ce pas doit se faire quatre fois, et la dame partant de sa place, doit décrire à sa droite, une ligne oblique. Lorsqu'elle a achevé ces pas dans cette direction, elle s'en retourne à sa place, en tournant à droite, par des chassés dessous et dessus deux fois, et termine l'enchaînement par un coupe dessous du pied gauche, assemblé devant du pied droit et changement de jambe.(*)

Quatrième partie. — Première reprise. — Huit mesures.

Plan chorégraphique de l'enchaînement:

Ligne oblique à droite, et demi-cercle suivant la même direction.

Plan de la figure de la danseuse:

Ligne oblique à droite, et demi-cercle suivant la même direction.

Second SOLO *pour le danseur.*

Même enchaînement et même figure que ceux de la dame.

Seconde reprise. — Huit mesures.

(*) On a simplifié plusieurs pas dans cette danse, pour qu'elle puisse par une exécution plus facile, être à la portée de tous les amateurs.

SEPTIÈME ENCHAINEMENT ET SEPTIÈME FIGURE.

Le cavalier et la dame vont droit devant eux, en faisant deux pas de basque, coupé dessous, assemblé devant et changement de jambe. Ils répètent cet enchaînement dans la même direction.

Ici on recommence l'air, et on l'exécute jusqu'à moitié, en conservant les reprises. — Première partie. — Première reprise. — Huit mesures.

Plan chorégraphique de l'enchaînement :

Deux lignes droites en avant.

Plan de la figure des danseurs :

Deux lignes droites à côté l'une de l'autre.

HUITIÈME ENCHAINEMENT ET HUITIÈME FIGURE.

Le cavalier fait à droite chassé dessous, chassé dessus et assemblé derrière, et laisse passer un temps de la mesure. Ensuite il fait pas de bourrée dessous du pied gauche, pas de bourrée dessous du droit et assemblé derrière. Il laisse encore, après ce pas, passer un temps de la mesure, après quoi il refait tout cet enchaînement de l'autre jambe, ainsi que la dame. La première fois ils croisent en se tournant le dos, et la seconde fois ils croisent étant en face l'un de l'autre, et, comme ils décrivent deux lignes horizontales distantes l'une de l'autre, mais parallèles, ils semblent ainsi, après avoir décrit deux lignes droites qu'ensuite ils coupent à moitié, décrire deux carrés égaux l'un à côté de l'autre.

Seconde reprise. — Huit mesures.

Plan chorégraphique de l'enchaînement :

Ligne horizontale à droite, et ligne droite en arrière; ligne horizontale à gauche, et ligne droite en arrière.

Plan de la figure des danseurs :

Deux carrés à côté l'un de l'autre.

NEUVIÈME ENCHAINEMENT ET NEUVIÈME FIGURE.

Cet enchaînement et cette figure, sont les mêmes pour le cavalier et la dame, que ceux du second *solo*, voyez *sixième enchaînement*, etc. La seule différence qu'il y ait dans l'exécution de ces pas, c'est que les deux danseurs les font en même temps, en se donnant la main droite, qu'il se quittent pour retourner à leur place par les chassés, etc.

Seconde partie. — Première reprise. — Huit mesures.

Plan chorégraphique de l'enchaînement :

Deux lignes obliques, chacune inclinant à la droite de l'exécutant, et deux demi-cercles, en dehors.

Plan de la figure des danseurs :

Deux lignes obliques parallèles, et deux demi-cercles se touchant par leurs extrémités, et formant ainsi une espèce d'ellipse.

DIXIÈME ENCHAINEMENT ET DIXIÈME FIGURE.

Le cavalier et la dame, avançant l'un vers l'autre en ligne oblique, et levant peu à peu les deux bras pour se donner les mains, font pas de bourrée dessus du pied gauche, pas de bourrée dessus du pied droit, et trois petits emboîtés en avant. Ils répètent cet enchaînement quatre fois. Les deux premières fois ils l'achèvent en face l'un de l'autre; et les deux secondes fois ils les exécutent en faisant un tour entier en se tenant toujours gracieusement les mains. Lorsqu'ils sont arrivés à la même place où ils ont commencé la gavotte, ils se quittent les mains, et, placés en face des spectateurs, ils font quatre jetés en arrière, coupé dessous, assemblé devant et changement de jambe.

Seconde reprise. — Huit mesures.

Plan chorégraphique de l'enchaînement:

Lignes obliques à droite, cercle et lignes droites en arrière.

Plan de la figure des danseurs:

Lignes obliques à droite, rond et deux lignes droites en arrière.

Après l'exécution de la gavotte, on fait de nouveau le salut, et le cavalier reconduit la dame à la place où il l'a invitée à danser avec lui.

EXPLICATION DE FIGURES.

Planche XV.

Fig. 62. Position et attitudes des dames et des cavaliers dans la contre-danse.

— 63. Révérence de la dame.

— 64. Autres positions des dames et cavaliers dans les contre-danses ou quadrilles.

— 65. Salut du cavalier.

— 66. Groupes et manière de se tenir les mains en dansant.

— 67. Autres groupes.

— 68. Autres positions de la contre-danse.

— 69, 70, 71, 72. Premières positions et première figure des exécutans de la contre-danse.

FIN.

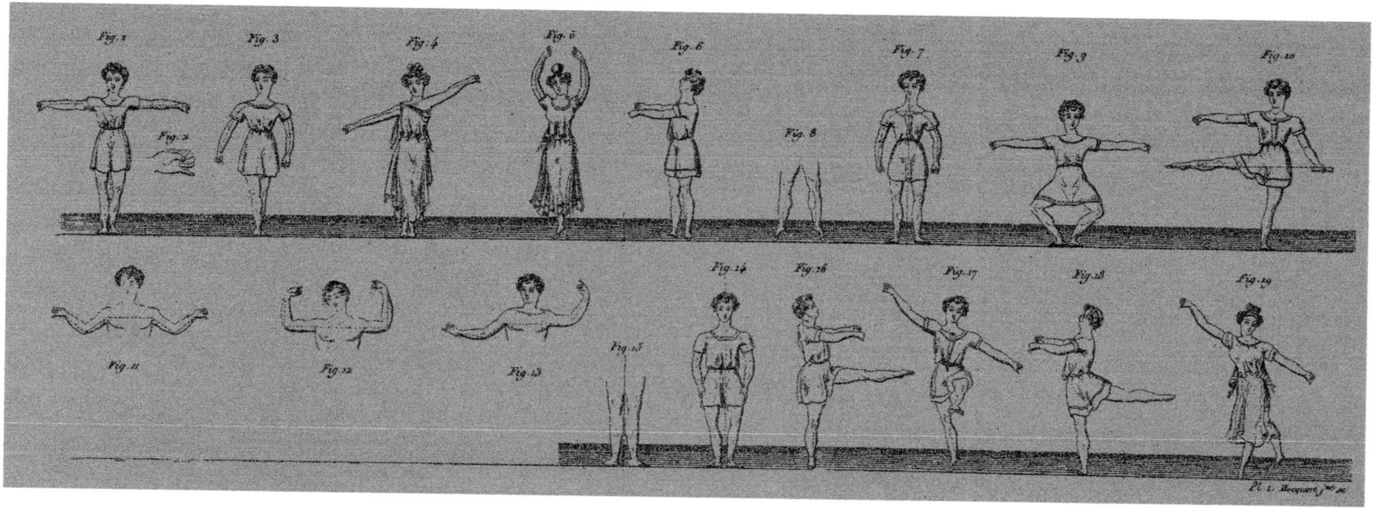
Fig. 1
Fig. 2
Fig. 3
Fig. 4
Fig. 5
Fig. 6
Fig. 7
Fig. 8
Fig. 9
Fig. 10
Fig. 11
Fig. 12
Fig. 13
Fig. 15
Fig. 14
Fig. 16
Fig. 17
Fig. 18
Fig. 19

Pl. 1.

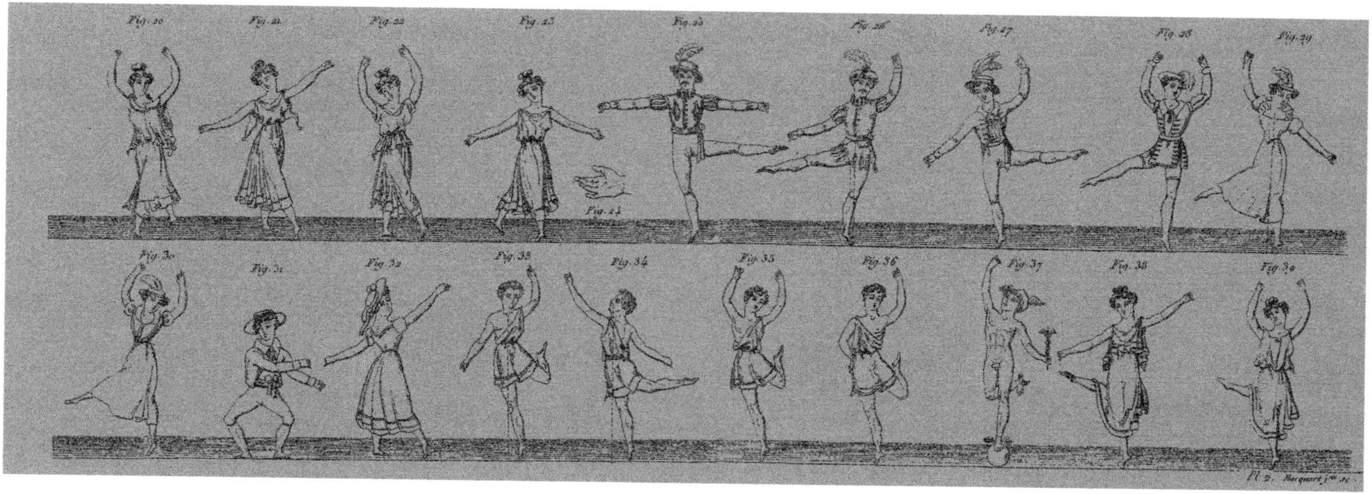
Fig. 20
Fig. 21
Fig. 22
Fig. 23
Fig. 24
Fig. 25
Fig. 26
Fig. 27
Fig. 28
Fig. 29
Fig. 30
Fig. 31
Fig. 32
Fig. 33
Fig. 34
Fig. 35
Fig. 36
Fig. 37
Fig. 38
Fig. 39
Pl. 2. Bocquet jne sc.

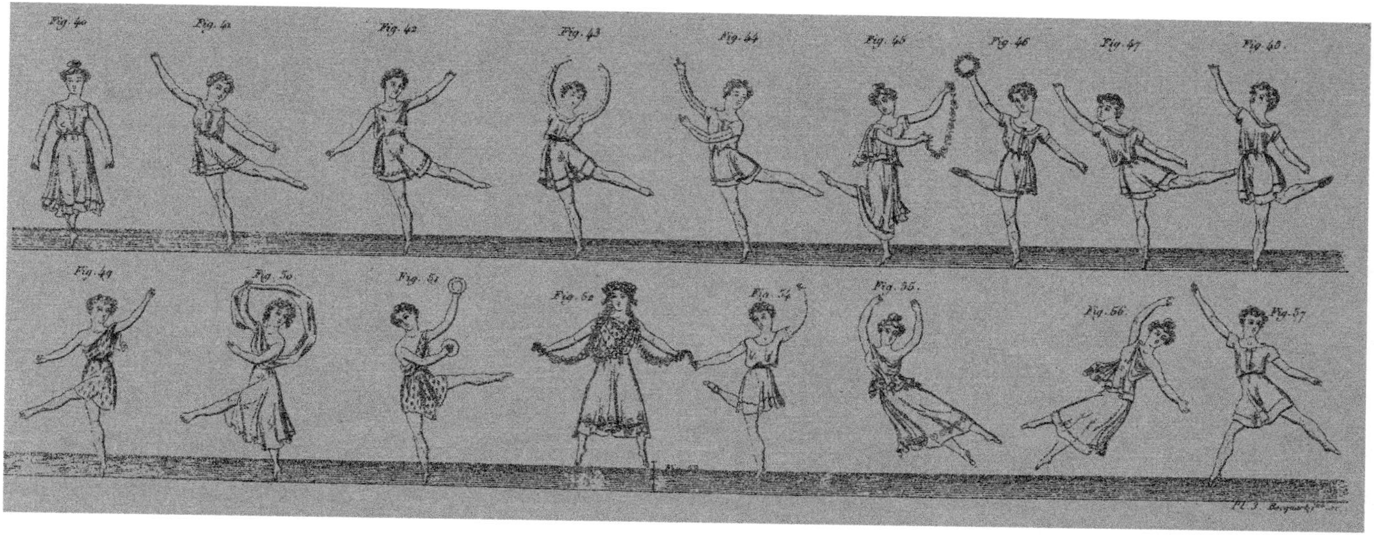
Fig. 40
Fig. 41
Fig. 42
Fig. 43
Fig. 44
Fig. 45
Fig. 46
Fig. 47
Fig. 48
Fig. 49
Fig. 50
Fig. 51
Fig. 52
Fig. 54
Fig. 55
Fig. 56
Fig. 57
Pl. 3.

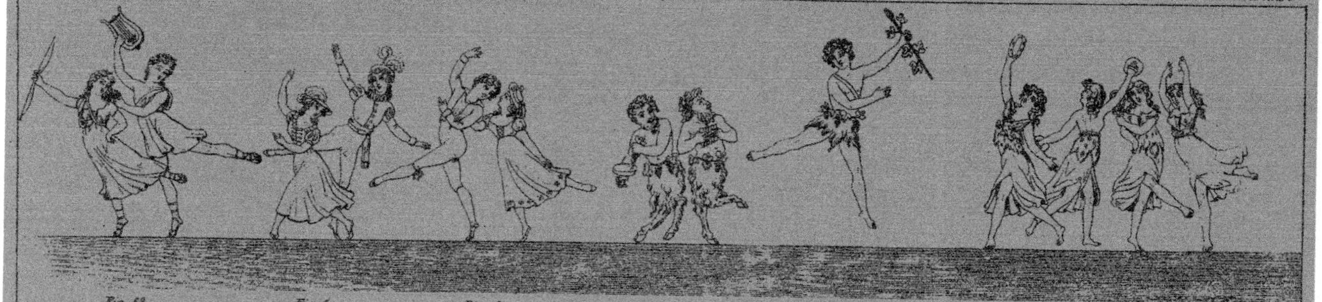

Fig. 58 Fig. 59 Fig. 60 Fig. 61 Fig. 61

Gravé par Hacquart jeune.

Pl. 5.

Danses de Ville

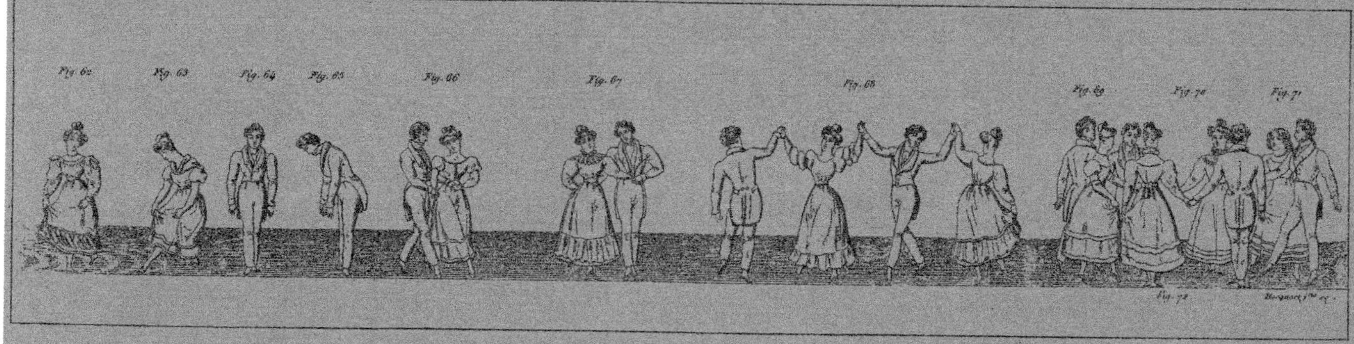

Quadrilles par Mr. BLASIS.

L'AURORE.

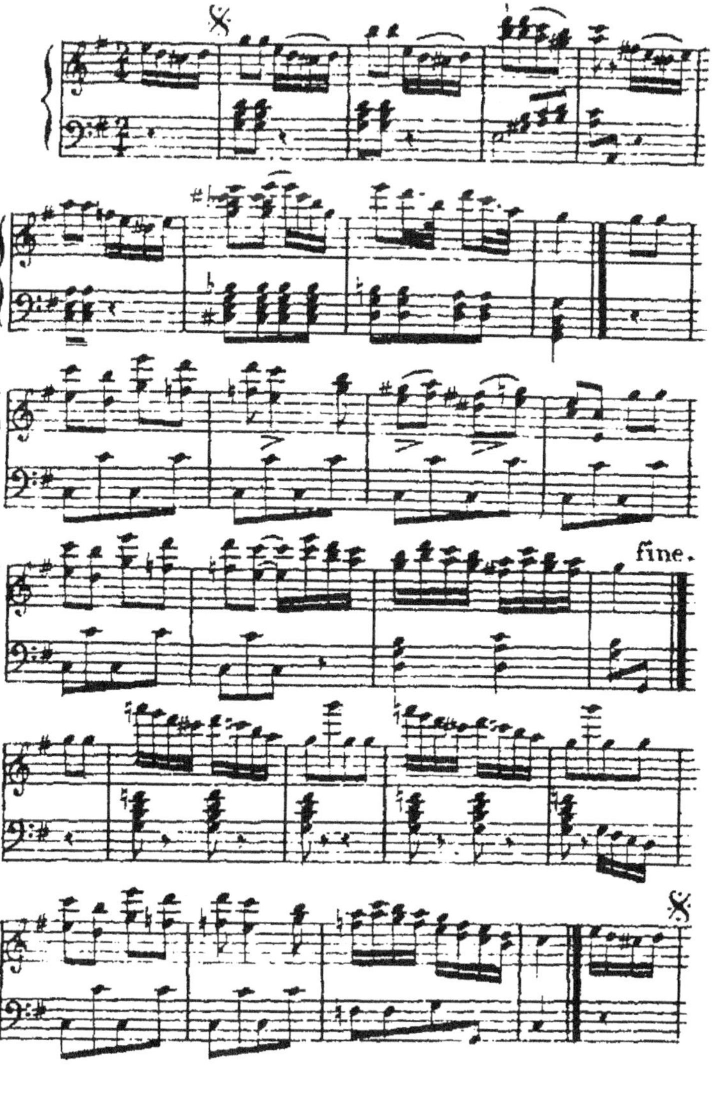

LES BACCHANTES.

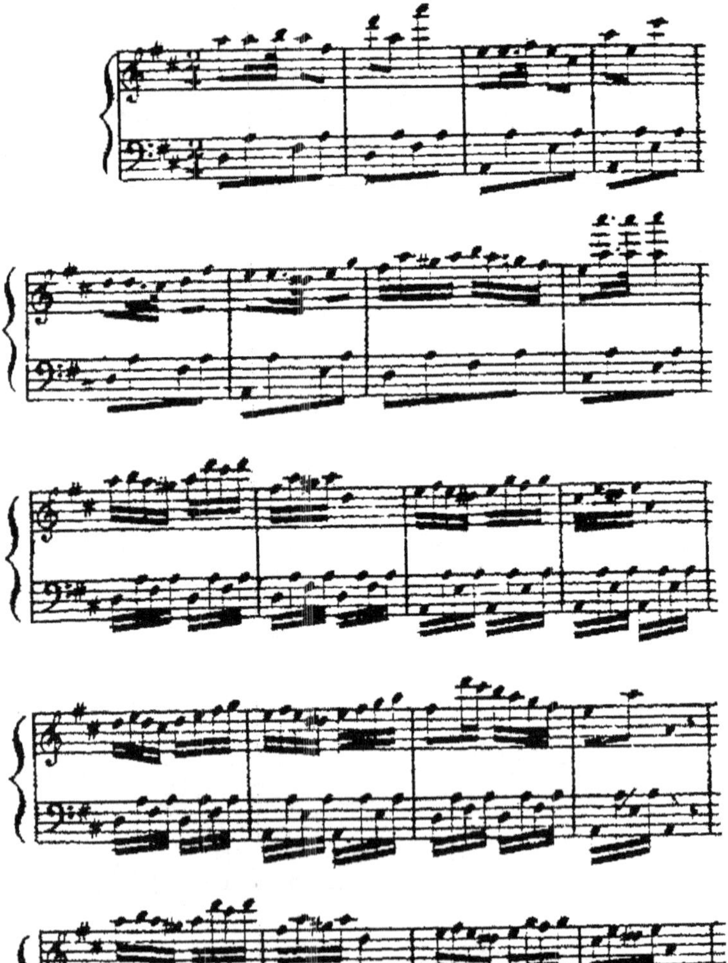

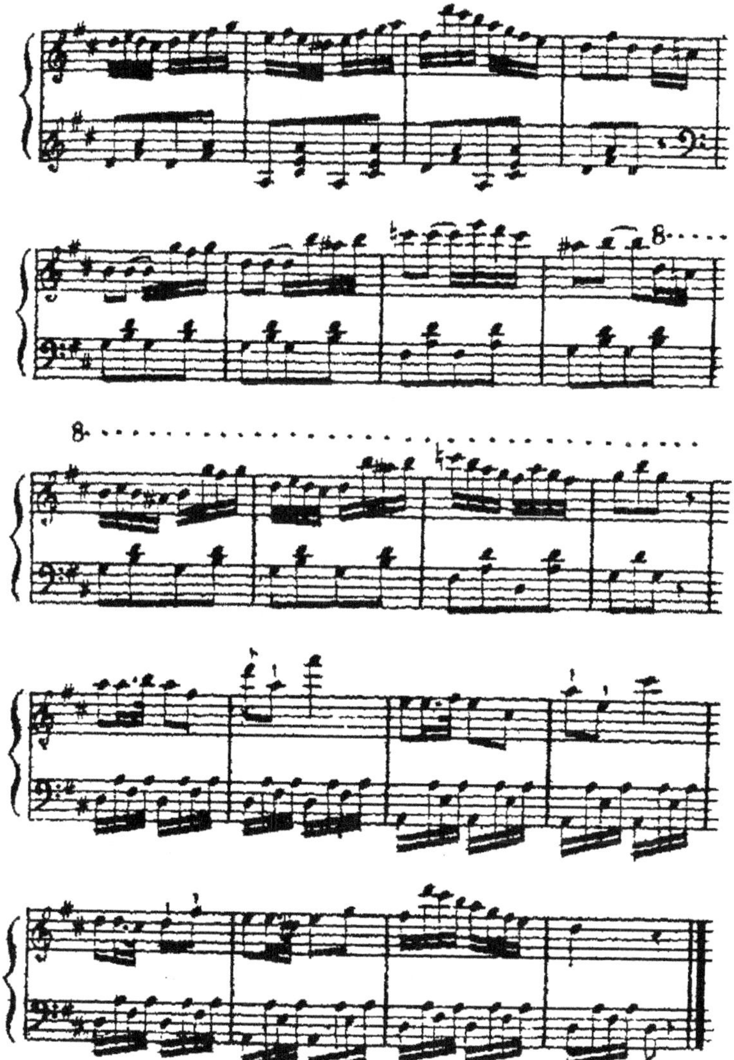

LA FANTASQUE.

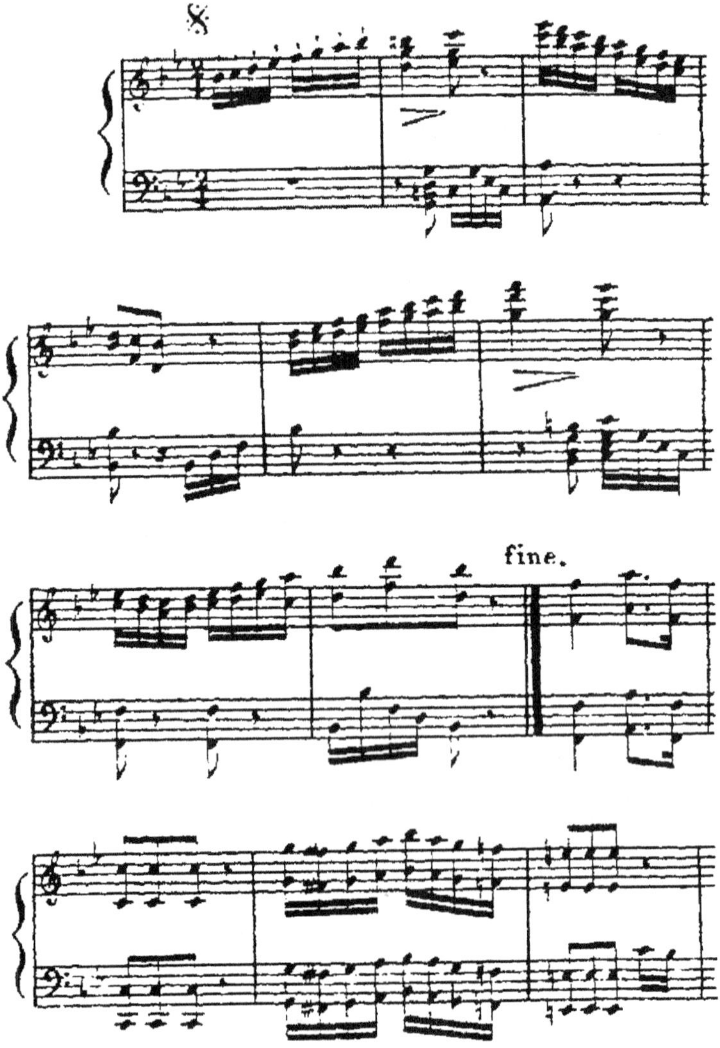

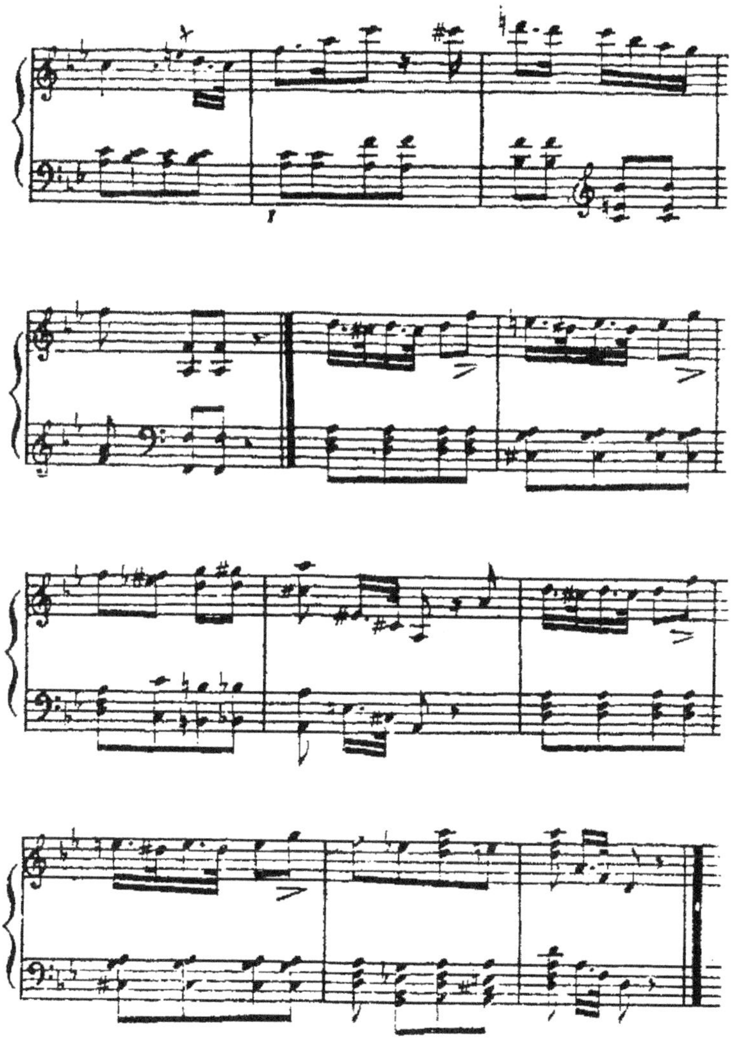

LE MUSULMAN.

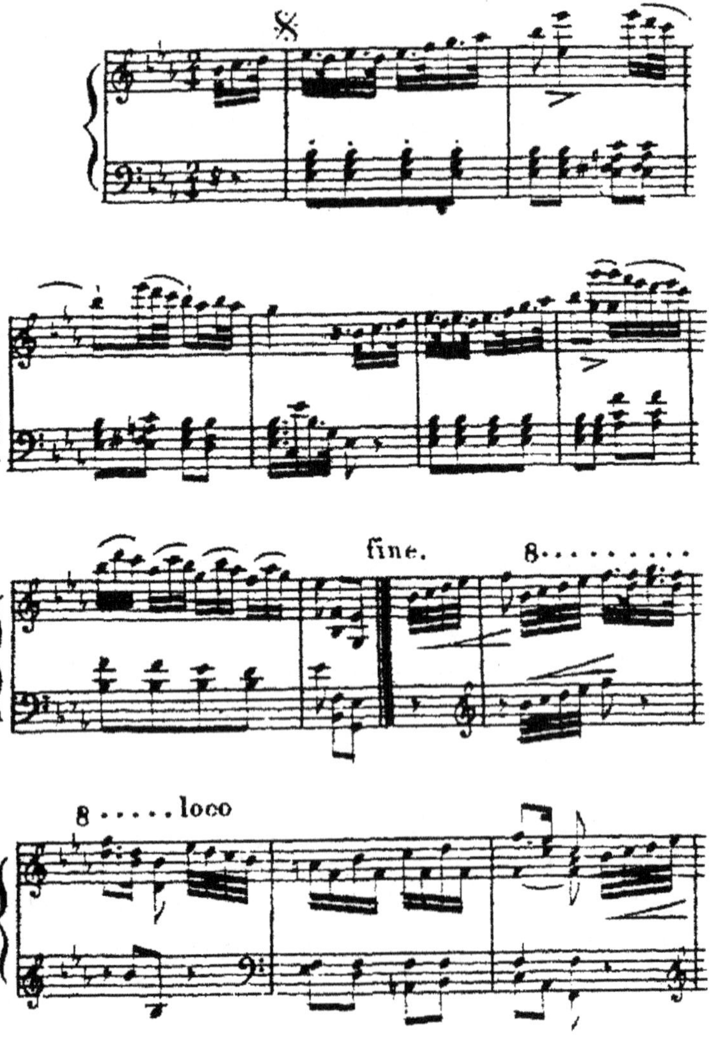

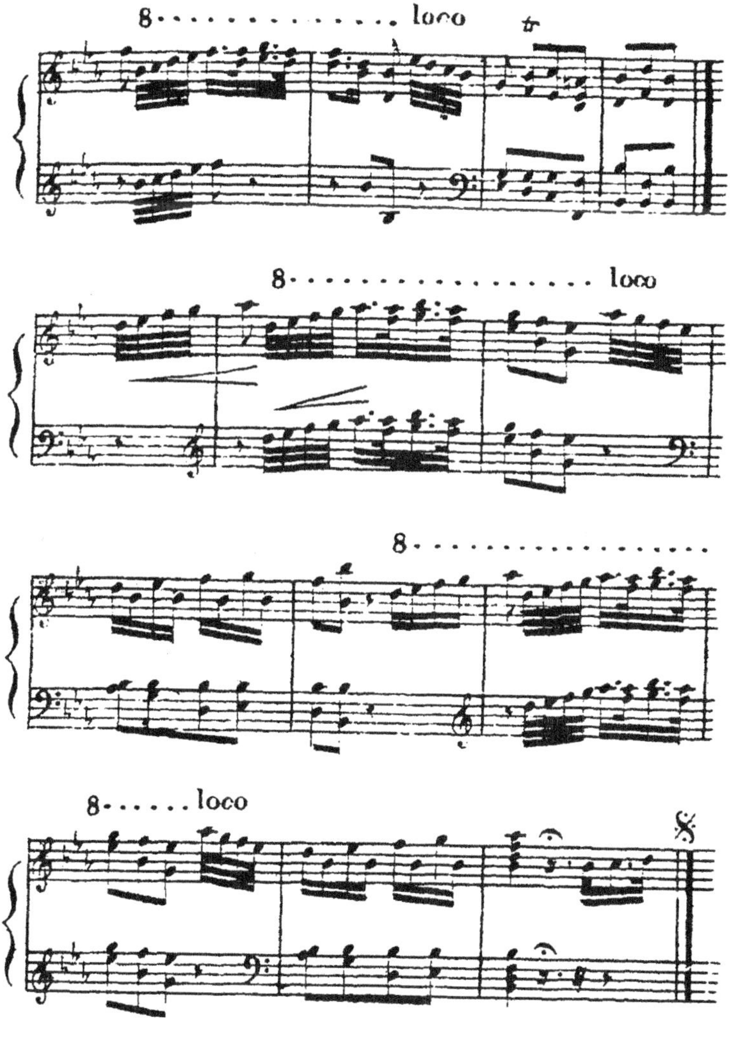
8 . . . . loco
tr
8 . . . . loco
8 . . . .
8 . . . . . . loco

LA COQUETTE.

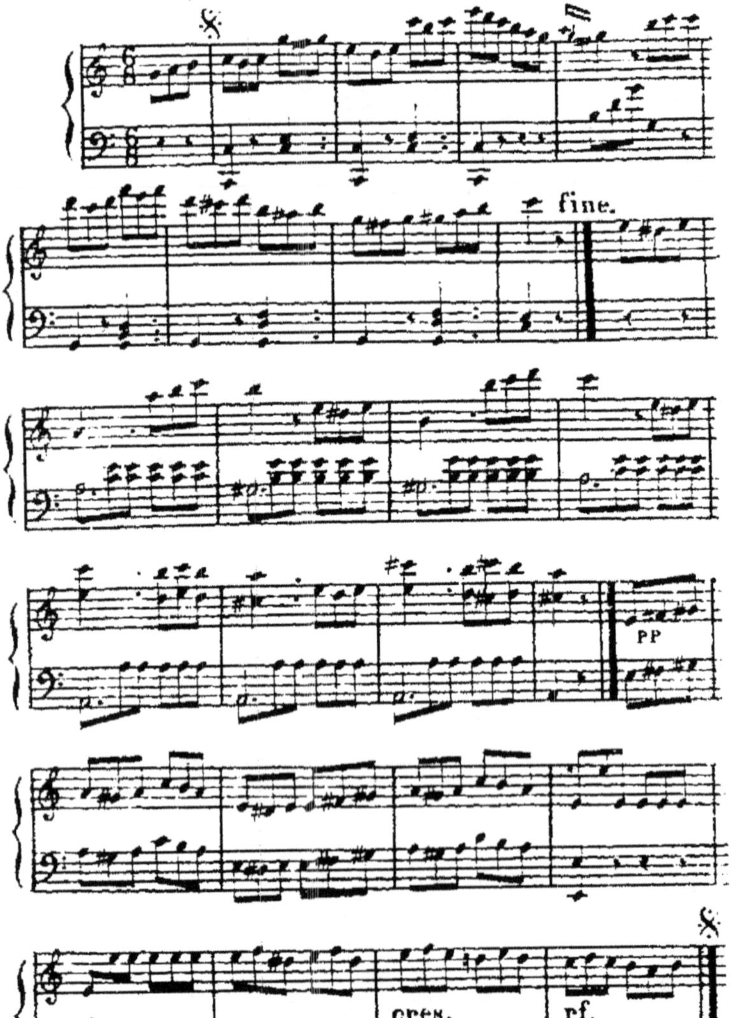

LA JALOUSE.

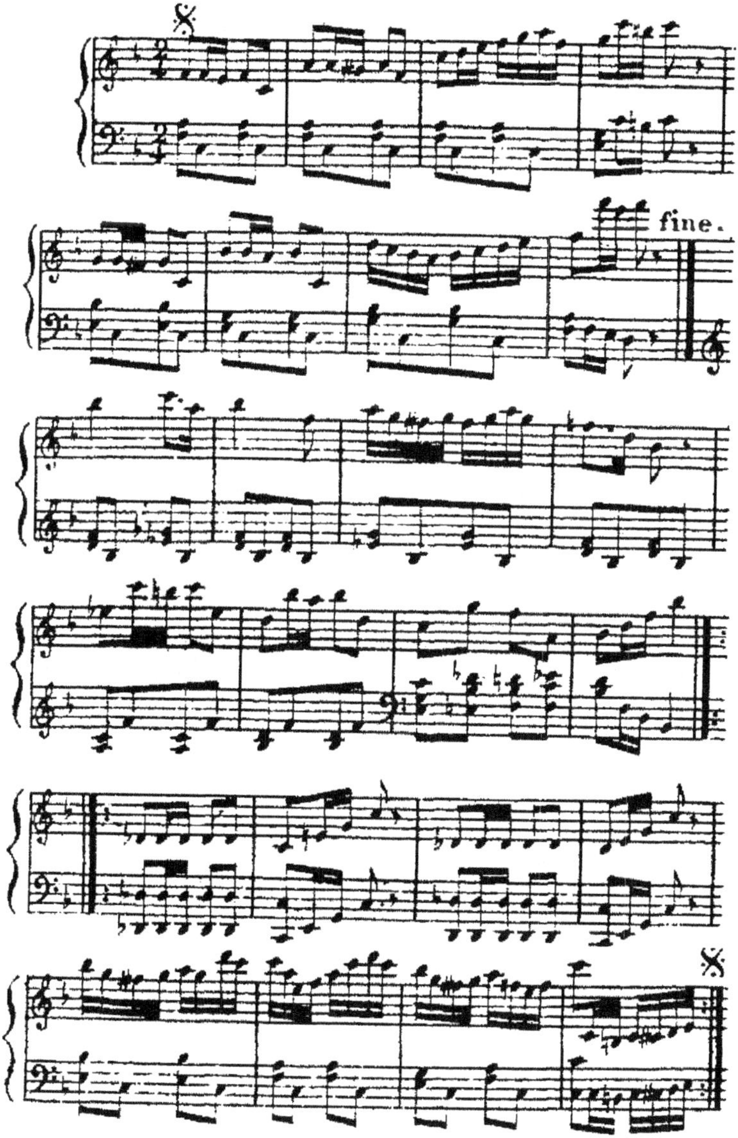

LA DÉLIVRÉE

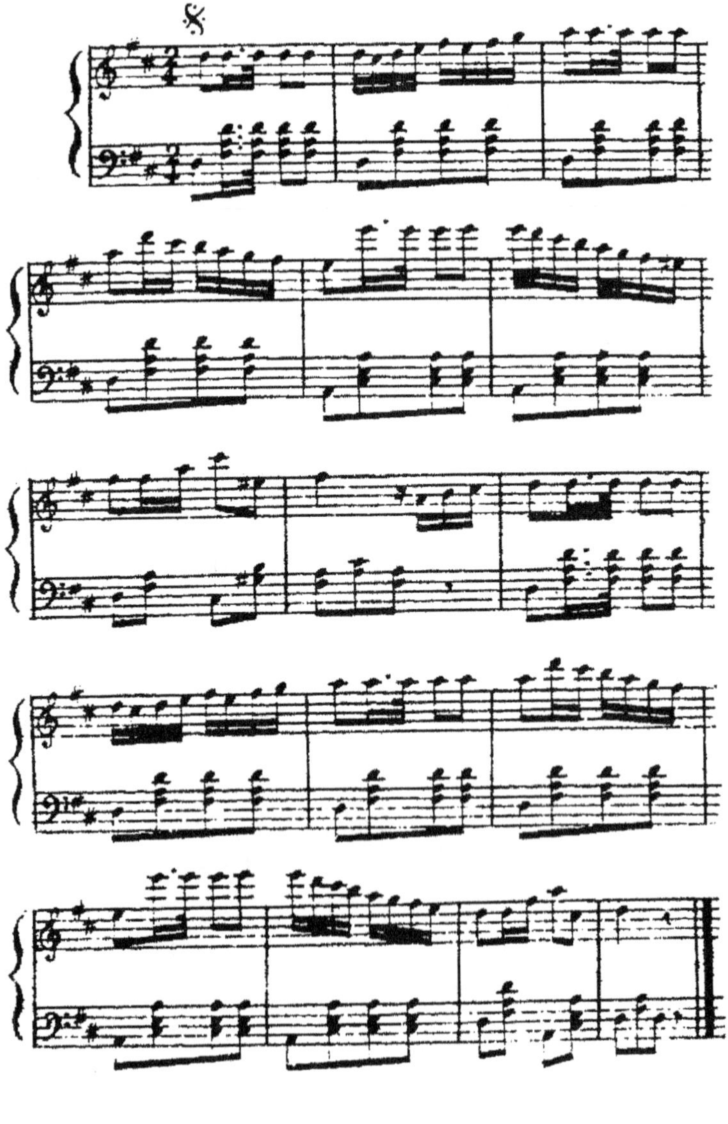

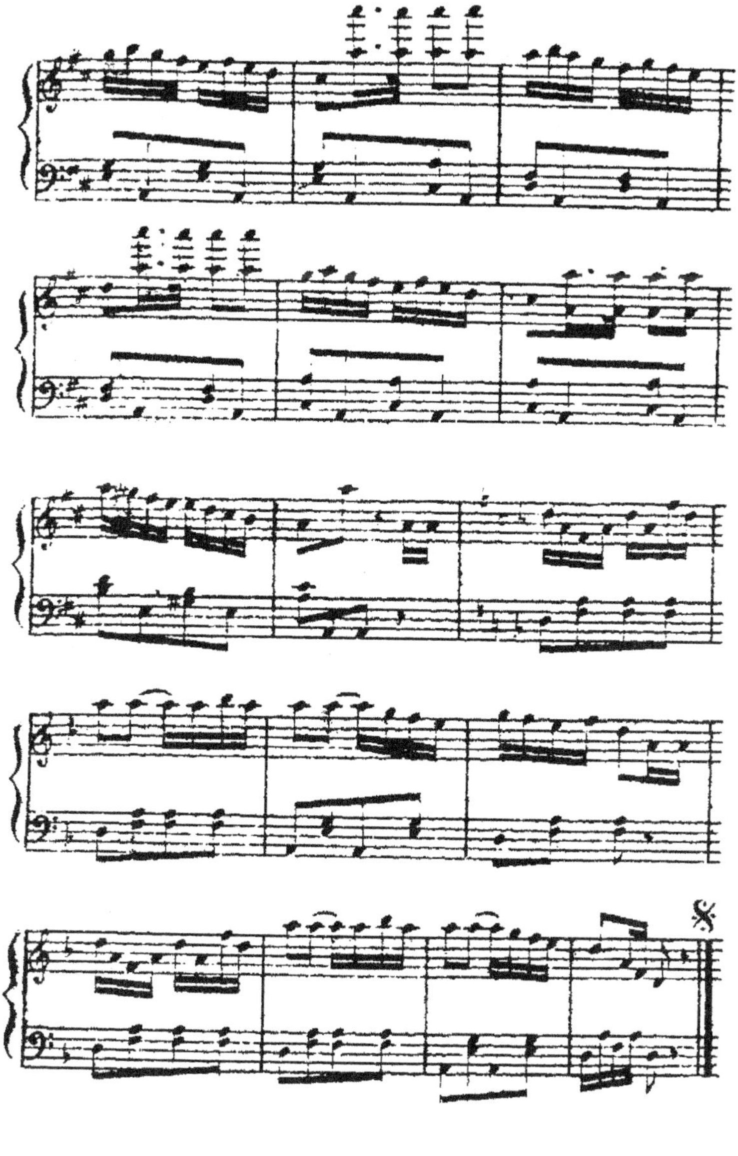

LA VIRGINIE.

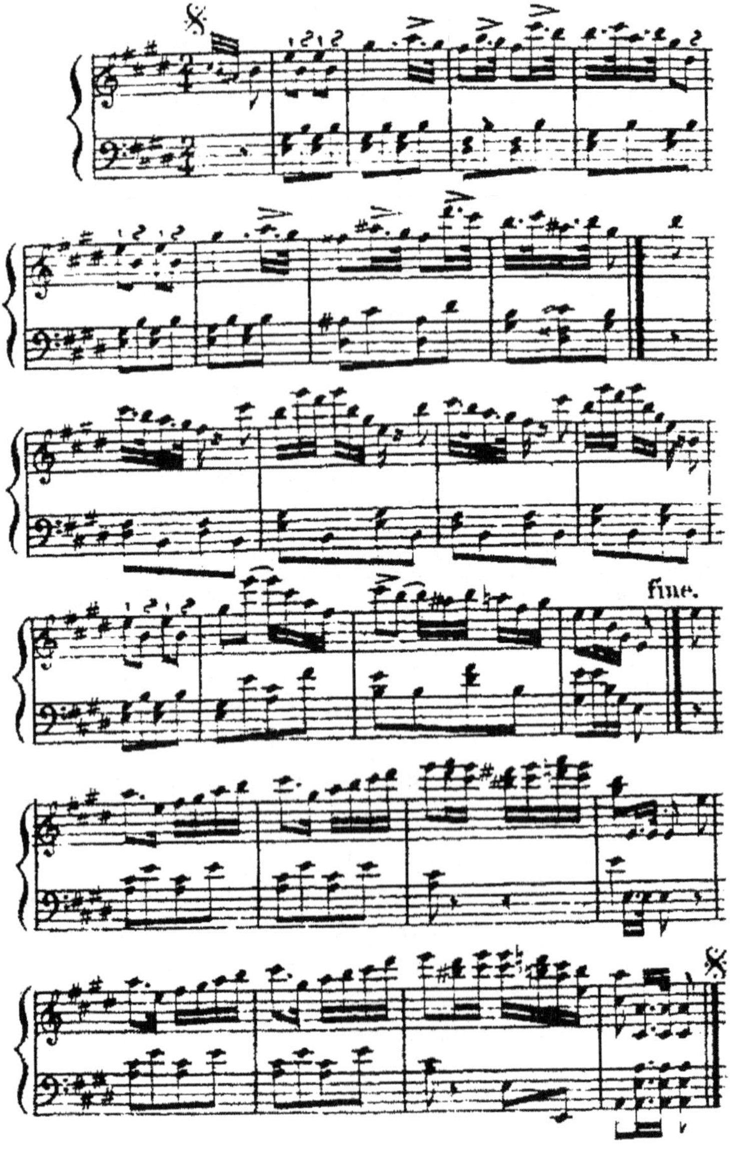

LE PETIT MAITRE.

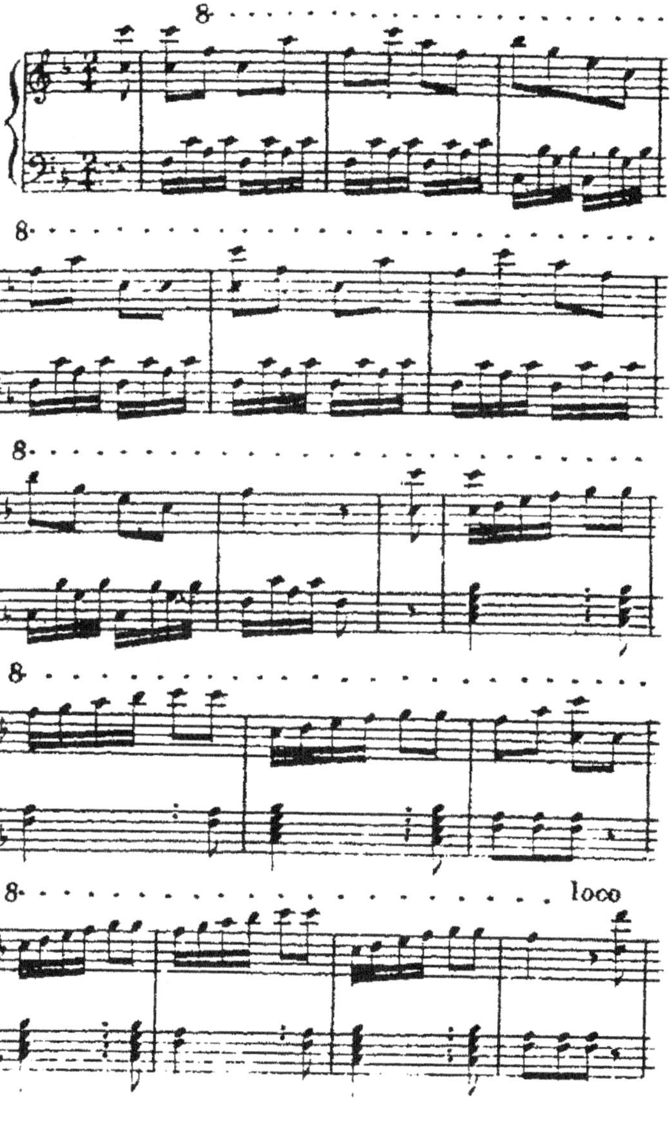

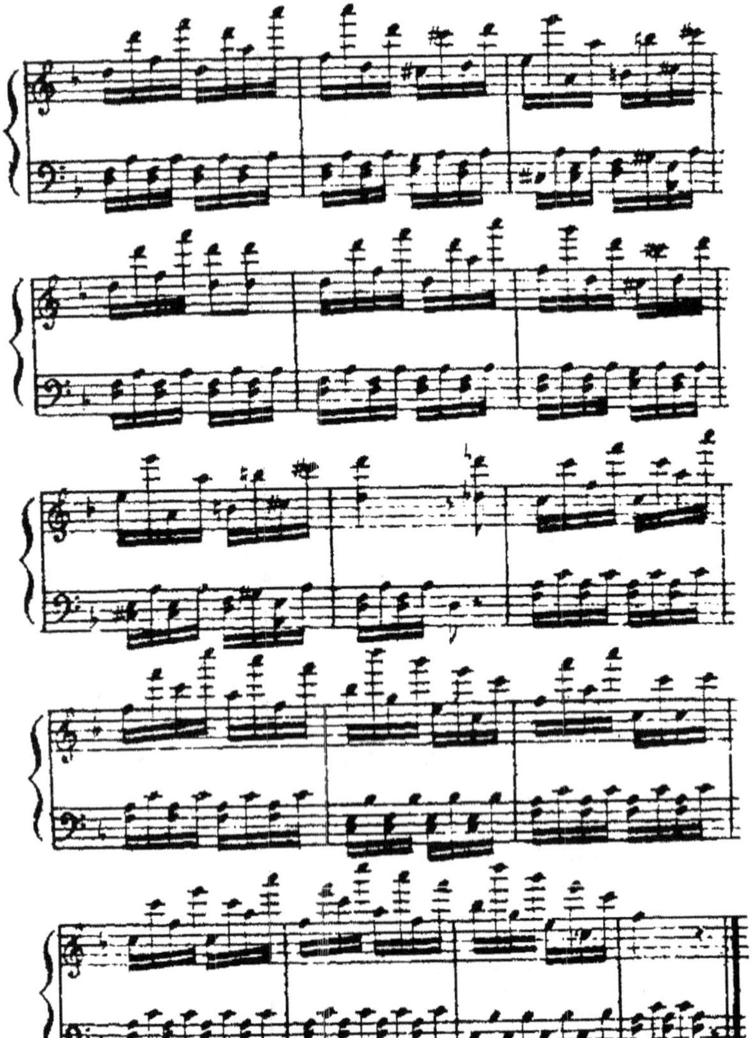

L'IRMA.

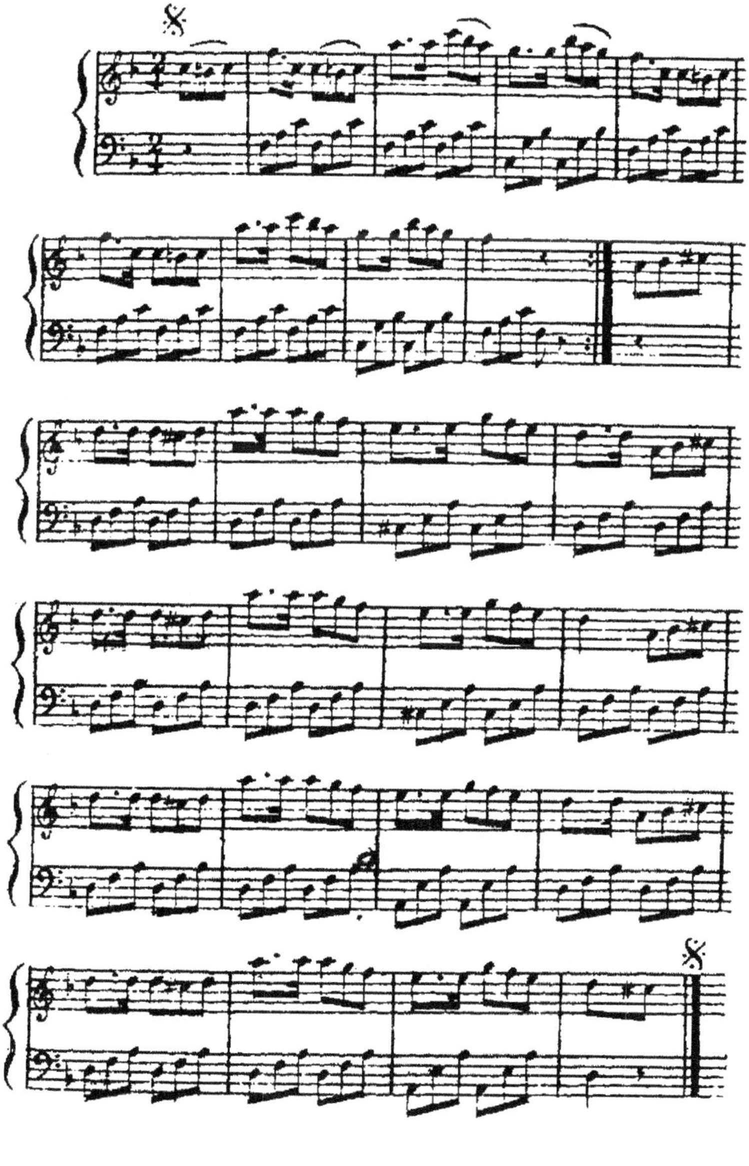

LA LÉON.

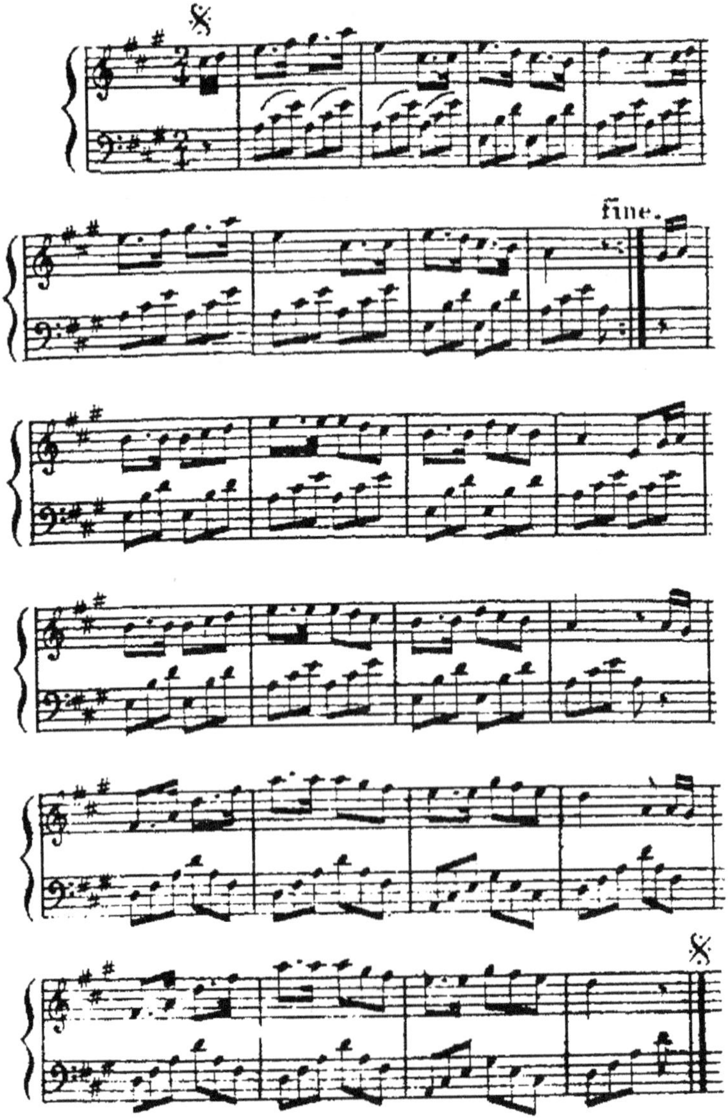

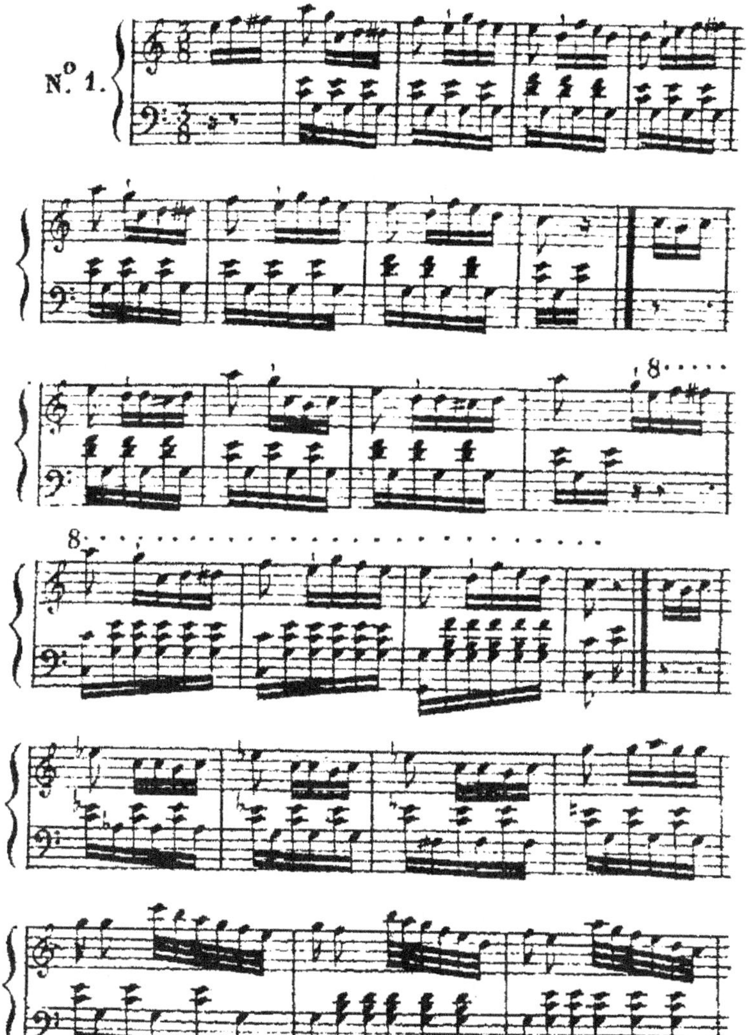
N.o 1.
8
8

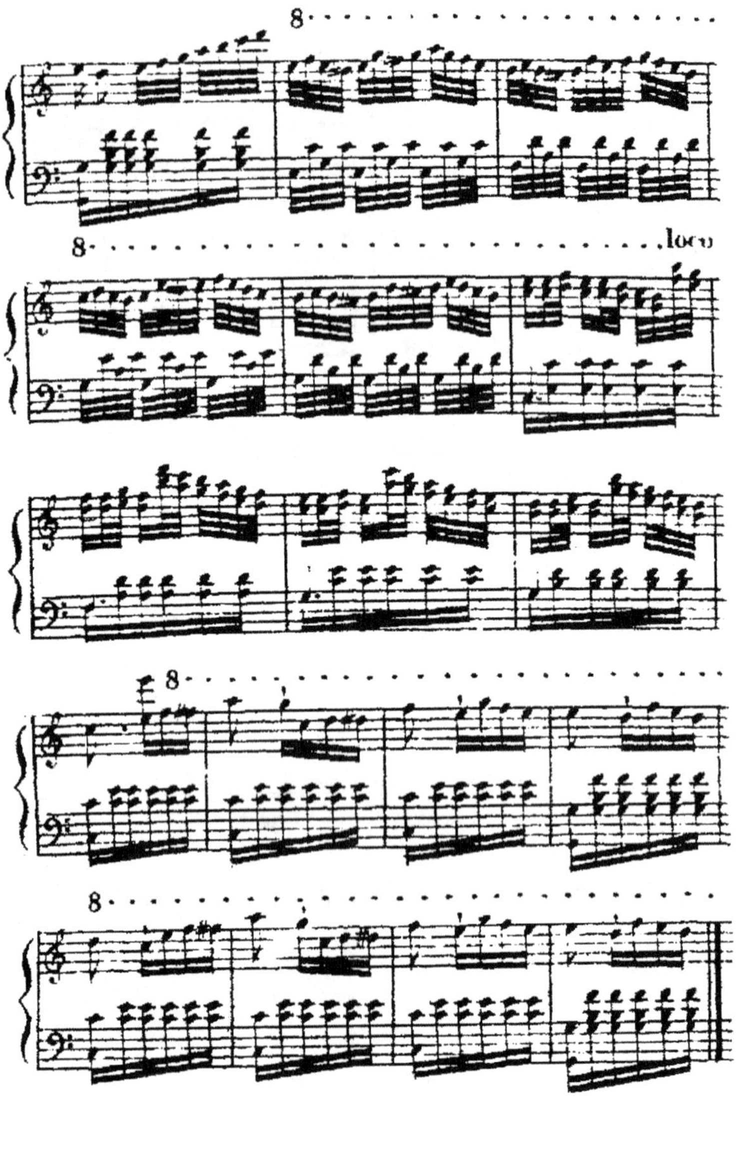
8
8
loco
8
8

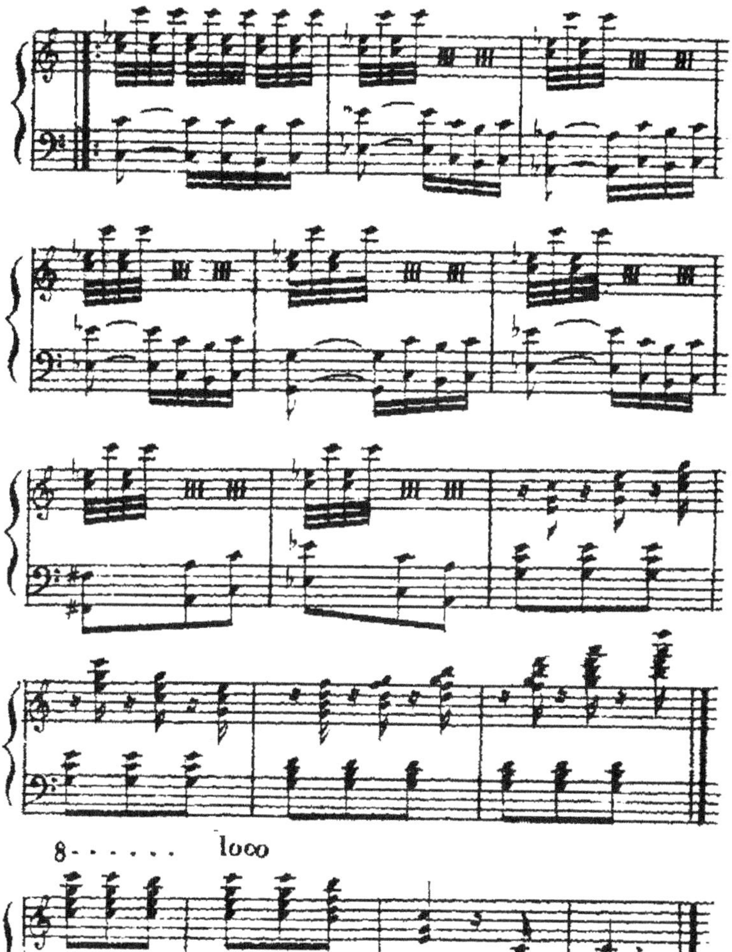
8- - - - - - -
loco

LA BIZARRE.

N.º 2.

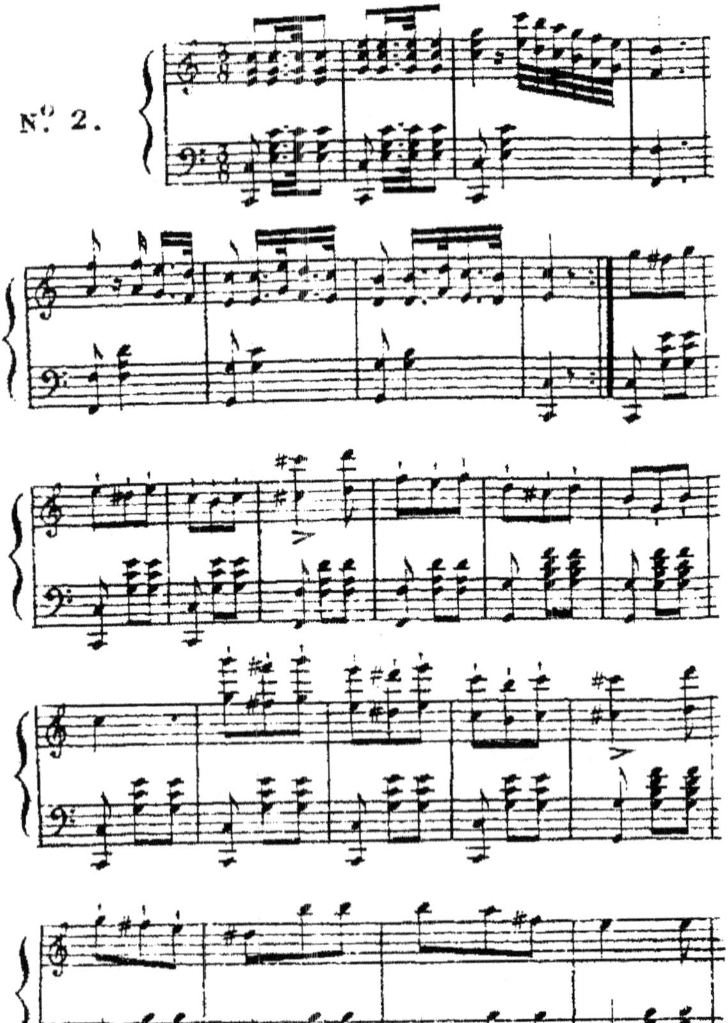

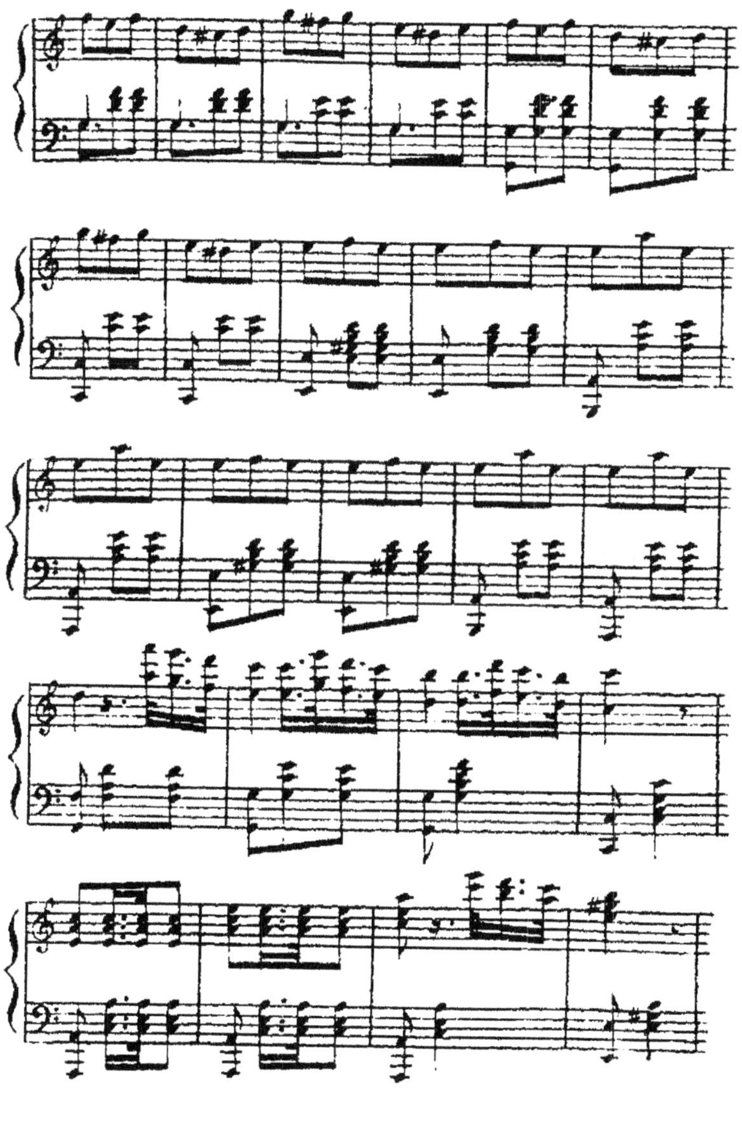

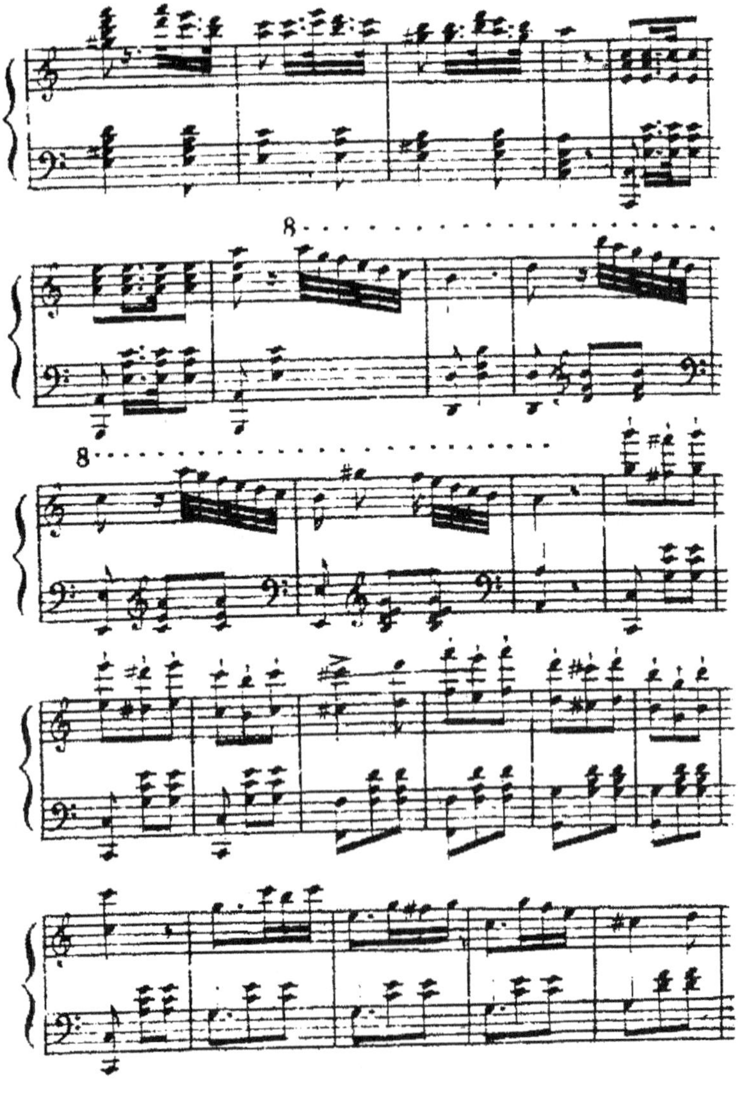
8
8

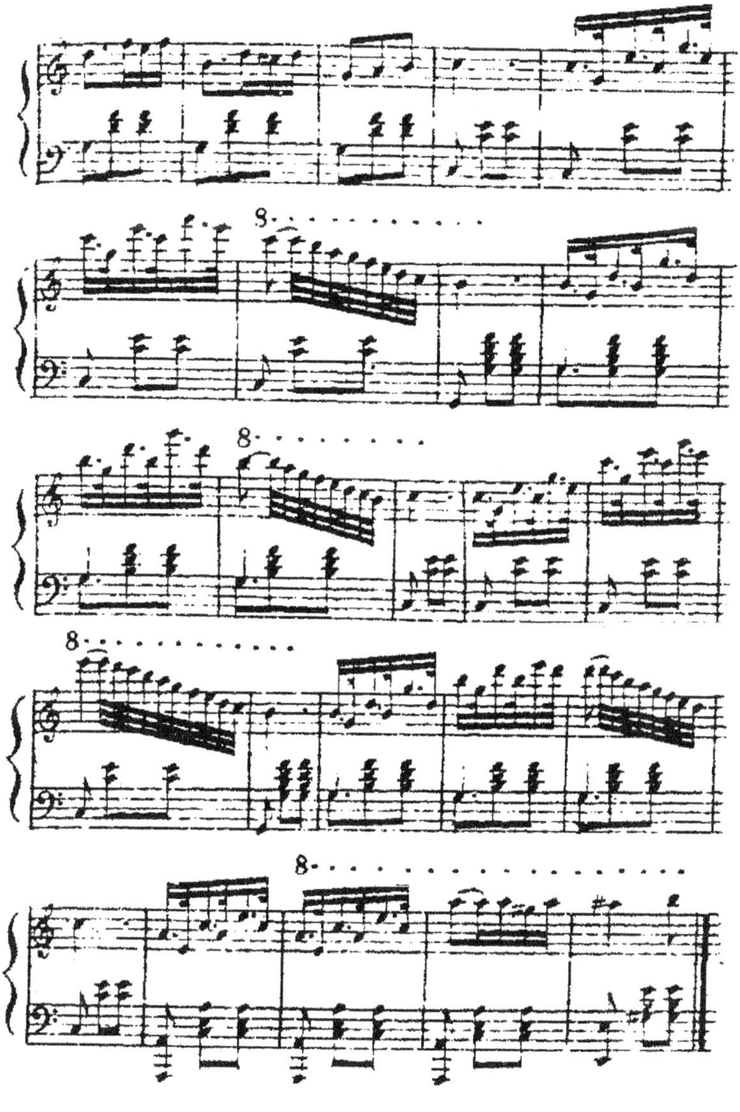
8
8
8
8

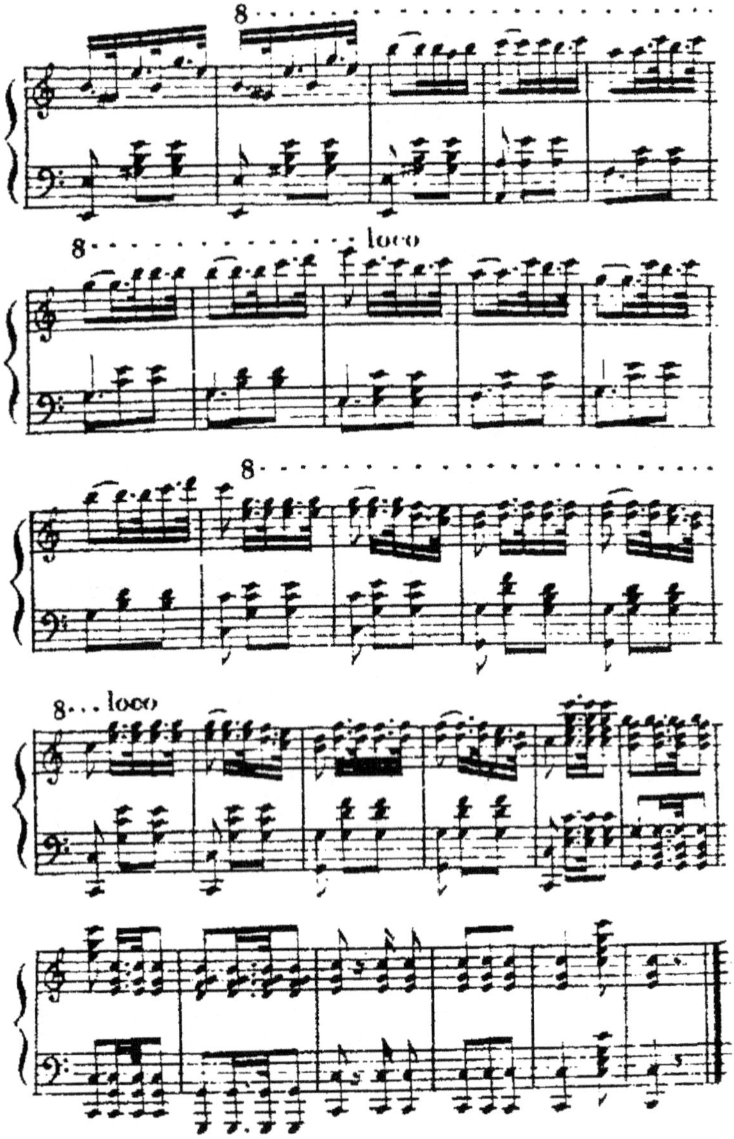
8
8
loco
8
8... loco

Printed in Dunstable, United Kingdom

87842849R00218